ウォーレン・バフェットはこうして最初の1億ドルを稼いだ

若き日のバフェットに学ぶ最強の投資哲学

グレン・アーノルド 著 岩本正明 訳

THE DEALS OF WARREN BUFFETT
THE FIRST $100M

ダイヤモンド社

THE DEALS OF WARREN BUFFETT
by Glen Arnold

Originally published in the UK
by Harriman House Ltd. in 2017, www.harriman-house.com.
Japanese translation rights arranged with Harriman House Ltd., Petersfield, UK
through Tuttle-Mori Agency, Inc., Tokyo

はじめに

本書について

一九四一年。世界で最も偉大な投資家であるウォーレン・バフェットは当時十一歳で、貯金額は百二十ドルだった。そこから最初の一億ドルの資産を築くまでには、およそ四十年の歳月を要することになる。本書はその三十七年の間に彼が手がけた投資案件を調べ、重要な案件すべてに関して論理的な理由を説明し、彼が投資家としてのキャリアを通じてどのように資産を増やしていったのかを紐解く。

当初は株式投資をあまり理解していなかったため、バフェットは独自の投資哲学をつくりあげ、試行錯誤を通じて投資する価値のある企業を選ぶやり方を学習する必要があった。いかにしてバフェットの投資哲学はつくりあげられたのか、その物語を本書は語り、今日の投資家にも役立つ教訓を提供する。

バフェットも過去には多くの間違いを犯しており、これまでの歩みは決して順風満帆ではなかった。大成功の中にも、長期に及ぶ挫折の時期があったのだ。バフェットも過ちを犯したことがあると聞いて、ほかの投資家は大いに安心するだろう。今ではビリオネアとなった人でも、過ちを犯すことがあると知るのは励みになるものだ。自分がつまずいたときに立ち直る意欲が湧いてくる。投資家は常に完璧でなくてはならないと考えることこそが最大の過ちなのだ。気持ちの上で投資家は多くの過ちとつらい経験を覚悟し、そこから這い上がらなければならない。また自分の間違いだけではなく、他人の間違いからも学べるということをいつも肝に銘じておこう。自分自身の過ちについて述べているバフェット以上の教科書がほかにあるだろうか？

本書は投資案件の分析が中心で、バフェットの私生活についてはほとんど触れていない。そういった自伝を期待しているのであれば、本書はあなたが手に取る本ではない。もしあなたがより優れた投資家になり、健全な投資原則に従うことでいかに大きな財産を築けるのかを理解したいのであれば、このまま読み進めてほしい。

本書が想定する読者

本書は学習意欲のある投資家、もしくは成功する投資家に不可欠なルールを再度肝に銘じておきたいと感じている投資家に向けて書かれたものだ。ウォーレン・バフェットの投資案件を一連の魅力的なケーススタディーとして学ぶ流れになっている。

本書の構成

本書ではバフェットが一億ドルを築くまでの過程を追う。彼がまだ少年だったころに行った最初の株式市場への投資から始まり、約二十の銘柄を復習する。第2部はそれぞれの投資案件に順に焦点を当てた複数の章から構成されている。興味のある投資案件だけを拾い読みしてもいいが、著者としては最初は年代順に読み進めていくことを推奨したい。そうすることで、バフェットが投資家としてどのように成長してきたのかを理解できるからだ。

三十七年の間にバフェットが投資したすべての案件を網羅しているわけではない。あまりにも分厚い本になってしまうからだ。バフェットの富と哲学に最も大きな影響を与えた投資案件を分析の対象として選んでいる。

個々の投資案件を見る前に、第1部は導入部としての役割を果たす。本書の第2部を効率よく理解する上で、重要な内容だ。

繰り返し使われている略語の注意だが、キャリアの初期の時代にバフェットが設立した投資事業組合であるバフェット・パートナーシップ・リミテッドの略語としてBPLを使っている。本書の調査と執筆においては、バフェットがBPLのパートナーに送った手紙に頼る部分が大きかった。これらの手紙はインターネットで容易に読むことができる。また、バークシャー・ハサウェイの略語としてBHを使っている。

ウォーレン・バフェットはこうして最初の1億ドルを稼いだ――目次

第1部　投資家バフェットの足跡を追う　17

第1部

投資家バフェットの足跡を追う

Setting the Scene

ウォーレン・バフェットの物語をはじめよう

まず最初に、最も偉大な生きる投資家であるバフェットのこれまでの投資キャリアについて簡単に振り返っておきたい。第2部で詳述する彼の投資案件を見ていく上での予備知識となるはずだ。

若かりし頃と投資事業組合

十代だったバフェットがベンジャミン・グレアムの『賢明なる投資家』を読んだのは一九四九年。彼はその後、グレアムが教壇に立っていたコロンビア大学の授業を履修し、一九五四年から一九五六年までは株式アナリストとして彼のもとで働くことになる。グレアムの思想がバフェットの成功の礎を築いたのだ。

当時、バフェットはグレアムから多くのことを学ぶと同時に、投資で目を見張るような成果を上げていた。二十一歳のときには、ガイコへの投資で数カ月で四十八パーセントの利益を叩き出した（第2の投資）。また二十四歳のときには、ロックウッドにあるチョコチップの会社への投資で資金を二倍以上にする幸運を経験し、その投資で彼の拡大していた運用資産は一万三千ドル増えた（第5の投資）。

グレアムの引退を受けてネブラスカ州オマハへ帰郷すると、二十五歳だったバフェットは六人の親戚や友人とともに投資事業組合を設立した。設立当初の運用資産はたったの十万五千ドルで、投資判断をするのはバフェットだ。

バフェットは次々と割安な銘柄を発掘し、投資事業組合のリターンは毎年のように市場平均を大きく上回った。例えば、一株当たり純資産が株価を大きく上回っていたサンボーン・マップスへの投資では、およそ五十パーセントの利益を上げた（第6の投資）。彼が二十九歳のときだった。

バフェットの実績を見たほかの個人投資家も彼に資産の運用をお願いするようになり、彼は新しい投資事業組合を設立した。一時的にウォール街から見放されたような優良銘柄を発掘するのも得意だった。アメリカン・エキスプレス（株価は三倍近くになった。第8の投資）やディズニー（五十五パーセントの利益。第9の投資）だ。

バフェットが投資事業組合を通じて投資を始めて（通年という意味では一九五七年）から組合を解散する直前の一九六八年までに、ダウ平均株価（ＤＪＩＡ、もしくはダウ）は百八十五・七パーセント上昇した。一方、バフェットに一ドル投資すれば、その間に二千六百十・六

図A　ダウ平均株価とウォーレン・バフェットの投資事業組合のパフォーマンスの比較（1957〜1968年）

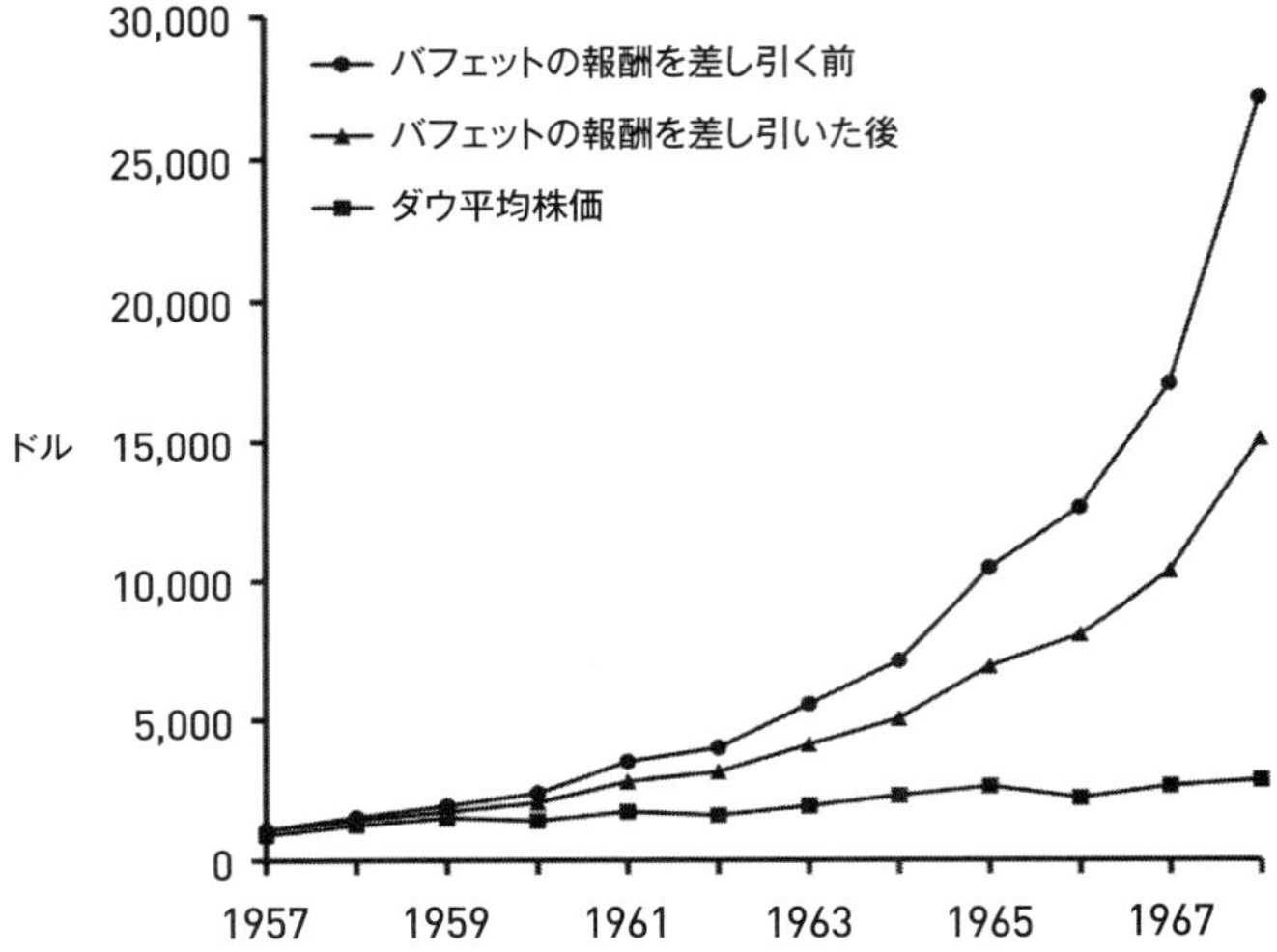

パーセントのリターンを上げている。

つまり、一九五七年に彼に千ドル預ければ、十二年後には二万六千百六ドルになるのだ。バフェットの報酬を差し引いても、パートナーは一万五千ドル以上の利益を得たことになる。対照的に、一九五七年にダウに千ドル投資しても、たったの千八百五十七ドルにしかならない。

図Aはその期間におけるバフェットの投資事業組合の運用パフォーマンスを示している。それぞれの折れ線は、バフェットの報酬を差し引く前と差し引いた後の投資事業組合のパフォーマンスとダウ平均株価の推移だ。複数の投資事業組合が一九六二年にバフェット・パートナーシップ・リミテッド（ＢＰＬ）に統合しており、一九五七～一九六一年までのパフォーマンスは複数の組合のパフォーマンスを合わせたものだということに注意してほしい。ただ、それぞれの組合のパフォーマンスはほとんど変わらない。

今日ではバークシャー・ハサウェイの時価総額は五千億ドル以上、株価はおよそ三十万ドルであり、米国の上場企業の中で五番目の規模（アマゾン、マイクロソフト、アップル、アルファベットに次ぐ）だとまず言っておくと、これから私が述べることのすごさがより際立つだろう。

バークシャー・ハサウェイの登場

バフェットは一九六二年、投資事業組合の資金の一部をニューイングランドにある経営が傾いた毛織物会社の株式に投じた。その会社こそがバークシャー・ハサウェイだ。平均取得価格は一株当たり七・五ドル（いいえ、桁数は間違っていない）で、赤字だった。一九六四年五月までに、ＢＰＬは同社の株式の七パーセントを取得した。

同社の大株主で幹部でもあった人物がシーベリー・スタントンだ。彼はバフェットにある取引を持ちかけた。バークシャー・ハサウェイがＢＰＬが保有する自社の株式を一株当たり十一・五ドル（バフェットの取得価格より五十パーセント高い）で買い取ると提案したのだ。ところが彼はバフェットをだまそうと考え、卑しくも正規の買付け価格を十一・三七五ドルに引き下げた。バフェットは彼の態度に激怒し、その取引から手を引いた。

バフェットは代わりにある行動に出た。彼は後にその行動について、「とんでもなく愚かな決断」だったと認めている。ニューイングランドの毛織物工場はほとんど利益を出していなかったので、やがてビジネスが行き詰まるのは誰の目にも明らかだった。価格の安い輸入品との競争に苦しんでいたのだ。バークシャー・ハサウェイも競争に敗れ、ほとんどの工場を閉鎖していた。バフェットは怒りで気が動転していたのだろう。なんとバークシャー・ハサウェイの株式を積極的に買い増すという暴挙に出たのだ（偉大な投資家も完全に理性的なわけではない。ほかの投資家と同様に、彼らも間違いを犯す）。一九六五年四月までにＢＰＬは同社の株式のおよそ三十九パーセントを取得し、正式に支配下に収めた。バフェットの指揮の下に運用資産の四分の一以上を投じたのだ。

本人も「子供じみた行動だった」と白状するこの投資の結果、バフェットは悲惨な会社を立て直す責務を負うことになる。度重なる赤字と自社株買いにより、バークシャー・ハサウェイの純資産は一九六四年末時点でたったの二千二百万ドルだった。余剰資金はなく、二百五十万ドルの借入金があった（第10の投資）。

バフェットは織物機械やほかの資産への追加投資を厳しく制限し、本業の資産を非常に興味のあったほかの分野に徐々に回した。彼は織物ビジネスに詳しくない一方、幅広いビジネスに精通した資産配分の名手であり、織物ビジネスだけを見ていた人々よりもより将来性のある投資機会を探し出すことができたのだ。

一九六七年はバークシャー・ハサウェイにとって飛躍の年となる。バフェットのお膝元であるオマハにある保険会社、ナショナル・インデムニティを八百六十万ドルで買収したのだ（第11の投資）。保険金の支払い総額と管理費を合わせた額以上の保険料を課すことによって利益を上げられることも魅力だが、バフェットにとって保険会社の最大の魅力は社内に滞留する巨額の資金（フロート）だ。このフロートは保険の契約者が保険料を前払いする一方、保険金の支払いは後になることから生まれるものだ。バフェットはこのフロートを投資資金に活用できる。その後、彼は保険会社を次々と買収し、フロートを非常に有効に活用していく（第17の投資と第22の投資）。

さらにすばらしい投資が続く。一九七二年にブランド力のあったキャンディーチェーン店、シーズ・キャンディーズを二千五百万ドルで買収した。その当時から本書の執筆時までに、同社はバークシャー・ハサウェイの投資資金を十九億ドル以上も生み出してきた。いま現在も資金を生み出し続けているのだ（第20の投資）。

その後も非常に素晴らしい投資が続き、かつて衰退していた毛織物会社であるバークシャー

図B　バークシャー・ハサウェイのパフォーマンス：年率リターン（1965～1978年）

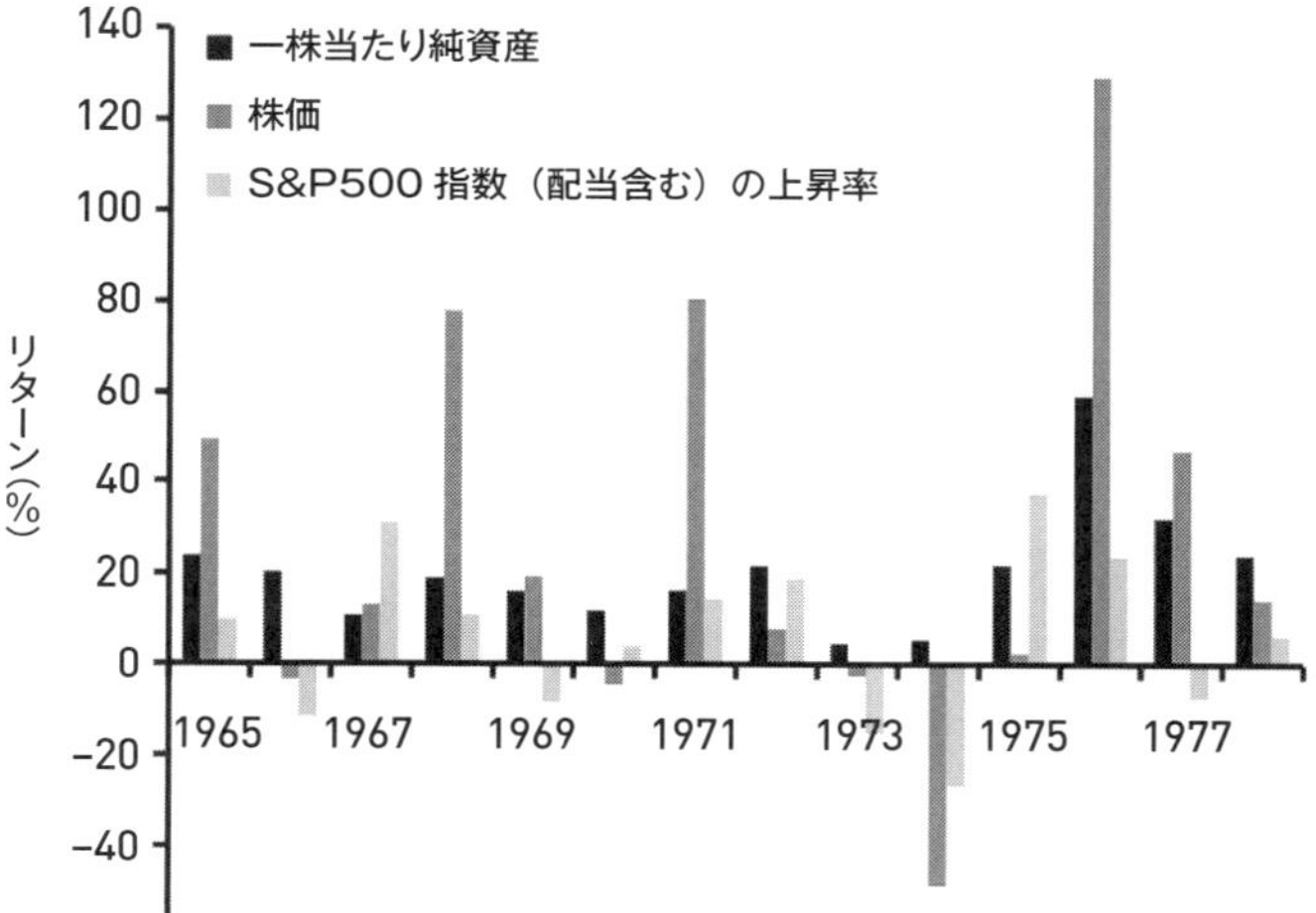

出所：バークシャー・ハサウェイの会長からの手紙（2016）

は急成長した。一九六五年から一九七八年にかけて、S&P500指数の年間平均上昇率は四・六三パーセントだった。一方、バークシャーの一株当たり純資産は年率で平均二十一パーセント増加した。

その差が最終的にどれほどの違いを生み出したのかを見れば、バフェットが成し遂げた真に驚くべき運用パフォーマンスのすごさを実感する。一九六五年にS&P500指数に千ドル投資すると、一九七八年の十二月には千八百八十五ドルに増える。一方、バークシャー・ハサウェイの株式に千ドル投資すれば、同期間で一万四千ドル以上に増える。一九六五年からバフェットの運用資産が一億ドルに到達した一九七八年までの毎年のバークシャーの純資産の増加率と株価の上昇率については図Bを参照してほしい。

バークシャー・ハサウェイはS&P500指数をアウトパフォームし続けた。一九六五年一月から二〇一六年十二月までの同指数の年間平均上昇率は九・七パーセントだったが、バークシャーの年間平均上昇率はその二倍以上の二十・八パーセントだった。同指数に一九六五年に千ドル投資すれば、二〇一六年十二月までに十二万七千百七十ドルに増える。一方、バークシャーの株式に千ドル投資すれば、同じ五十二年間でおよそ二千万ドルまで増える。その期間における同社の純資産の年間増加率と株価の年間上昇率については図Cを参照してほしい。バークシャー・ハサウェイを買収するという「愚かな決断」の埋め合わせはきちんとできたと言ってもいいだろう！

ウォーレン・バフェットがどのように資産を築いたのか、非常に大雑把な概要はこんなところだ。第2部でより詳細に個々の投資案件を見ていく前に、ベンジャミン・グレアムの教えがバフェットの投資家としてのキャリアに与えた非常に重要な役割を理解しておく必要がある。次のセクションでは、グレアムがバフェットにどのような影響を与え、いかにバフェットの投資アプローチを方向づけたかを見ていくことにする。

図C　バークシャー・ハサウェイのパフォーマンス：年率リターン（1979〜2016年）

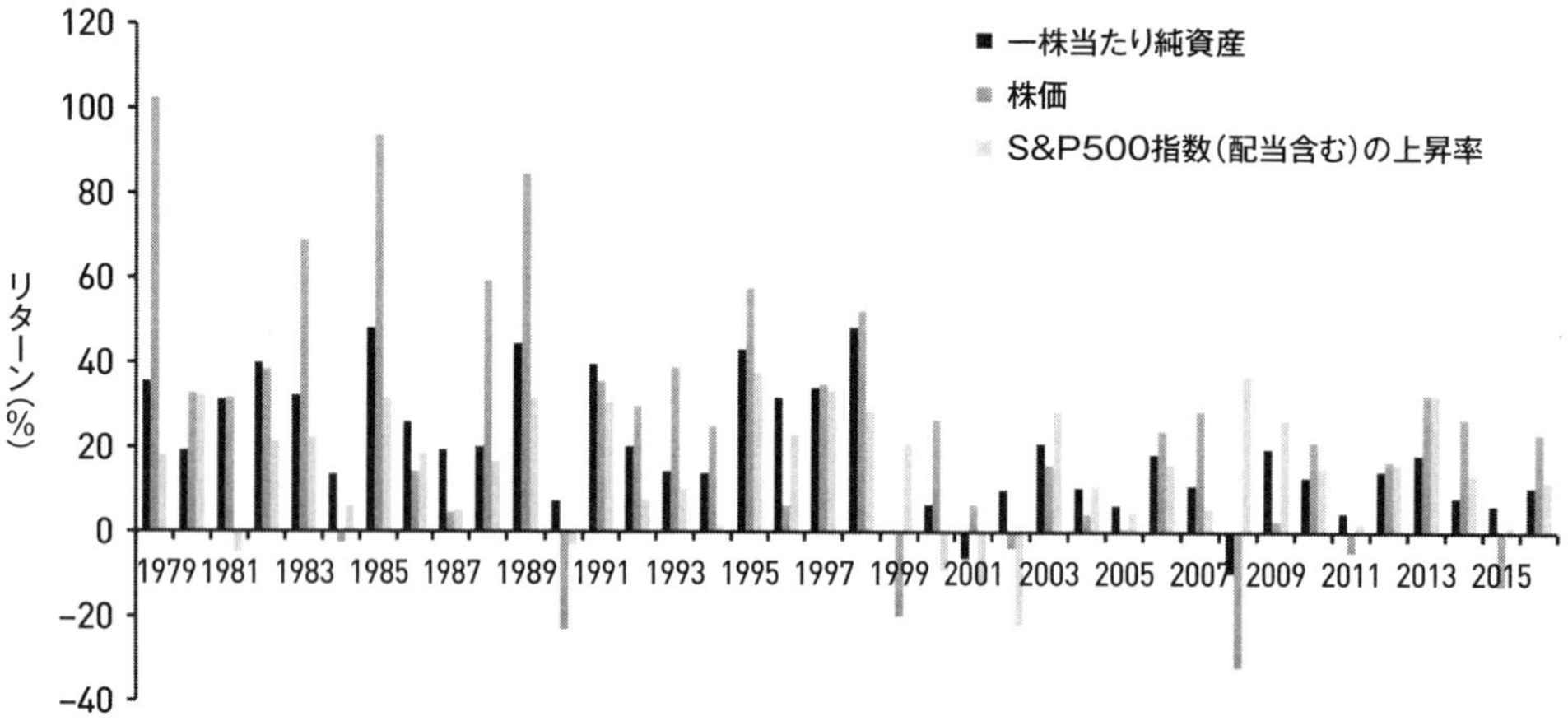

出所：バークシャー・ハサウェイの会長からの手紙（2016）

実践的投資を追求するベンジャミン・グレアム学派

一九五〇年。当時五十六歳だったベンジャミン・グレアムは小さな投資ファンドを運用しており、株式市場の荒波にはすでに何度かもまれていた。ウォール街大暴落が起きる以前もグレアムは慎重派に属する投資家だったが、それでも下落相場の前には慎重さが足りなかった。一九二九年から一九三二年にかけて、彼が運用していた二百五十万ドルのうち、七割の資金が株価下落により失われた、もしくは顧客から引き出された。そうした状況の中で、投資家に必要なことは何か、グレアムはじっくりと考えざるをえなかった。彼はこれまで、楽観的な雰囲気の中での収益予測に基づいたバリュエーションを経験したこともある。株価が上昇する中で、さらなる高値で買ってくれる愚かな投資家を期待して株を買ったこともある。チャートや他人のアドバイス、内部情報に頼って株を買ったこともあるし、会社をきちんと理解せずに買ったこともあった。

そうした手法はいずれも欠陥があると分かった。徹底的な自己省察を経てたどりついたのが、投資のバリュー学派の創設だった。今日でも多くの信奉者がいる学派に成長している。

その思想を深め、後世に伝えるために、彼はコロンビア大学ビジネススクールで「証券分析」という夜間の授業を講師として教えることにした。初めて授業が行われたのは一九二七年だった（一時的にニューヨーク金融協会で行われたこともある）が、その思想が洗練されたのは一九三〇年代初期だったはずだ。一九二九年のウォール街大暴落によって多くの投資アプローチが失敗の憂き目にあい、そこから生じた困難な疑問に向き合わざるをえなかったからだ。

コロンビア大学のデヴィッド・ドッドと共著で、グレアムは彼の思想を授業と同じ名前の『証券分析』という本にまとめ、一九三四年に初版が出版された。十九歳のバフェットが読んだ『賢明なる投資家』という本は、彼の思想をより簡潔にまとめたものだ。バフェットを投機から投資へ導いた大きな影響の一つだった。

一九二九年のウォール街大暴落を目の当たりにし、人々は株式の価値を計算するのは無意味だと結論づけるようになっていた。（市場価格によれば）一九二八年には百ドルであった株価が十五カ月後にはたった五ドルになるのであれば、株式の本当の価値など誰に分かるのだろうか？　ほかの投資家の心理の変化に神経を研ぎ澄ませることの方がもっと重要なのではないか？　ほかの投資家が株価が上がると思うかどうかに神経を集中し、上がる前に買うことがもっと重要なのではないか？　企業自体や企業が顧客に提供するサービスではなく、マーケットの動きを注視するというのはまさに投資家ではなく投機家の際立った特徴だ。

図D

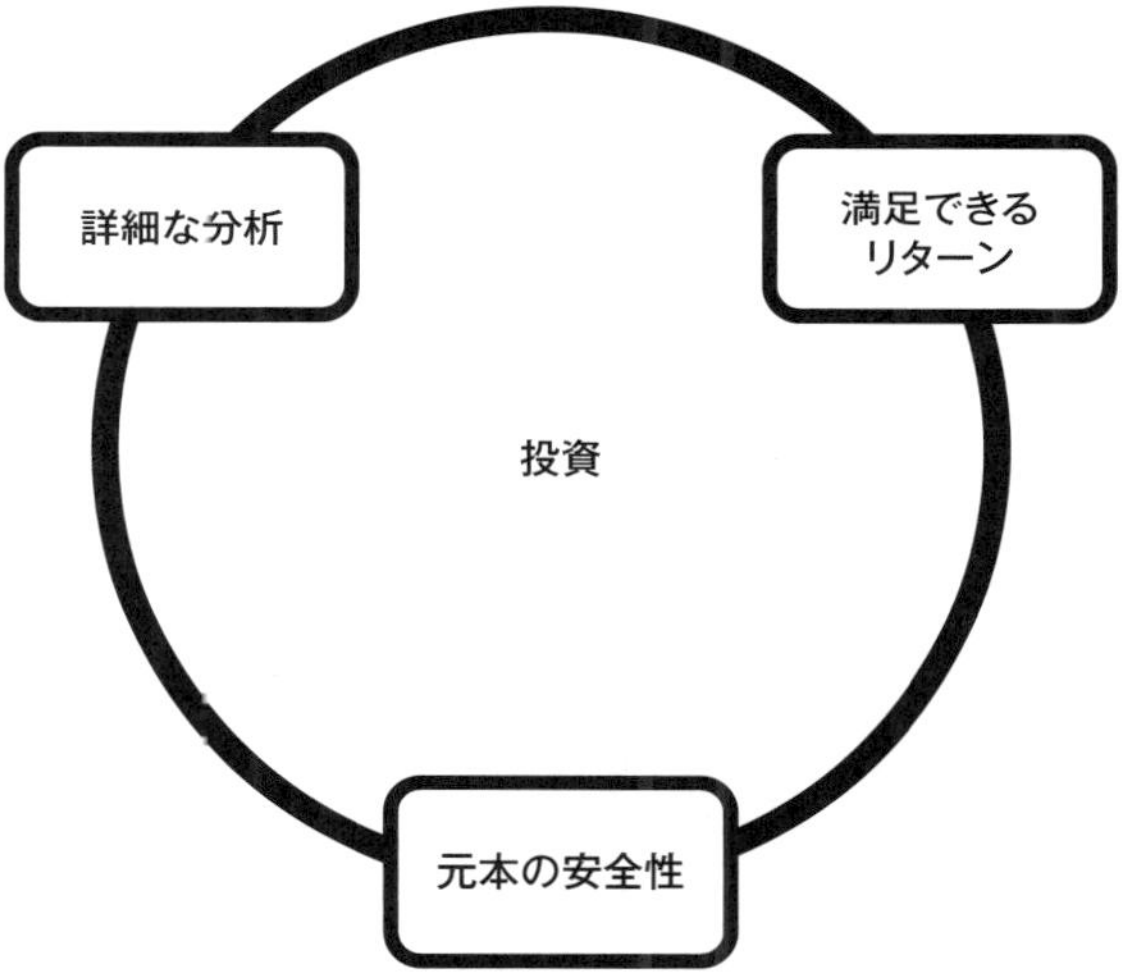

投資の定義

投機の特徴を明確にしたところで、その対立概念である投資の定義が必要になる。グレアムとドッドは次のように定義した。

「投資とは詳細な分析に基づいて、元本の安全性と満足できるリターンを確保する行為だ。これらの原則を満たさない行為は投機と言える[1]」。

三つの最も重要な要素をここに示す。

1．詳細な分析

あなたが投資しているのは会社だ。その会社の一部を保有しているのだ。会社の一部ではなく全体を買う場合に自分自身に問うのと同じような質問を、投資の際にも自分自身に問うのだ。

- 売上高と利益の過去の推移はどうか？
- 顧客からの評判は良いか？
- 資産は潤沢で負債は少ないか？
- 競争環境はどうか？
- 経営陣は有能で誠実か？

こうした分析には理性的な思考や主体的な判断、事実の批判的な考察が求められる。グレアムはこうした分析において、主に定量的に証明された事実を最重要視する。彼は確立したブランドの力や経営陣の能力など定性的な側面の重要性も認識しているが、一九二九年の経験から事業の将来性や経営者の能力と誠実さの評価に過度に頼ることに慎重になった。

2．元本の安全性

橋を建造するときは余裕のある安全設計をするように、株式を買うときも安全性に余裕を持たせることが肝要だ。橋の建造は過去に記録された風速や荷重にぎりぎり耐える設計ではなく、それを大きく上回る負荷にも耐えられるよう標準設計される。

同様に、株式を買うときも取得価格とあなたが計算した企業の本質価値の間に大きな安全性マージン〔訳注：安全性の余裕度のこと〕があるときのみ買うべきだ。ダウンサイドリスクについてしっかりと考えなければならない。

3．満足できるリターン

卓越したリターンを目指してはならない。過度の楽観主義や強欲に犯されるな。自分の能力を超えた道に足を踏み外し、耐えられないほどの過度のリスクをとることになる。

偉大なる皮肉

この皮肉を常に頭に入れておこう。偉大な投資家は元本の安全性を優先し、満足できるリターンだけを目指す。それでも長期的に見れば、より高いリスクをとった投資家をアウトパフォームすることができるのだ。

バフェットがグレアムから学んだその他の教訓

バフェットはこれらの三つの投資の定義に加え、ほかにも重要な教訓をグレアムから学んだ。

投資リターンが投資家が持つ次の三つのことに左右されることを学んだのだ。

- 知識
- 経験
- 気質

投資家はビジネスの世界とどのようにビジネスが回っているのかを理解する必要がある。会計とファイナンス、経営戦略についてある程度理解することは必須だ。もちろん、こうした知識は投資家としての経験を通じて次第に深まり、広がっていくものでもある。好奇心を持つことも必須条件で、自分の経験だけから必要な知識を広げようとする必要はない。ほかの投資家が犯した間違いや彼らの成功から、他人の経験を自分のものとして学ぶことも多いはずだ。

優れた投資家になる上ではＩＱよりも気質の方が重要だ。グレアムはバフェットに次のように教えた。最も賢い人々でも下手な投資家になることがよくある。精神面での正しいアプローチを心得ていないからだ。例えば、ある投資家が非常に合理的である場合、マーケットの不合理さにフラストレーションを感じ、その不合理さをうまく利用することができないのだ。そうした動きをただ狂気だと考える。また、自分自身の推定や予測に酔いしれ、安全性マージンの確保を怠ることもある。悪い気質のほかの例をあげると、パニックになっている大衆と同じ行動をとったり、誰もが根拠なき熱狂に冒されているときに、自分もその祭りに参加してしまう傾向にあることだ。ほかにも、投機的な銘柄選択の新たなアイデアや最新の素晴らしいテクノロジーに投資して、一部の投資家が利益を上げているとする。そうした動きに思わず目がいってしまい、その流れに便乗するような投資家もいる。つまり、投資家の最大の敵は己自身であることがよくあるのだ。

事実を見よ

グレアムはバフェットに次のことを徹底して聞かせた。ほかの投資家を出し抜きたいのであれば、マーケットで彼らが何に気を取られているのかを理解する必要がある。例えば、多くの投資家と呼ばれる人たちは、企業の将来への期待に主に関心を持っている。例えば、最新のメディア製品に今後十年間で何人の顧客が申し込むかなど、確実には予測できないことだ。こうした間違ったことに気を取られると、もっと大事なことである貸借対照表や過去の利益の推移、株価などに注意があまり向かなくなる。

ビジネスストーリーに気を取られ、その企業の本来の姿を無視してはいけないということが教訓なのだ。成長ストーリーのある株式のうちどれがハッピーエンドに終わるのか、ニッチ市場においてどの企業が市場を支配するのか。そうしたことを予測するのは極めて難しい。また、少なくとも高い使用資本利益率という観点では、どの企業も勝者ではないということもよくある。だからこそグレアムの教えに従わなければならないのだ。「分析とは事実に裏付けられた価値を主な対象としており、期待に大きく左右される価値を対象とはしない」[2]。

バフェットはグレアムについて次のように語っている。

「（彼の教えは）卓越した投資についてではなく、一時的な流行についてでもありません。健全な投資についてです。もしそれほど急いでいないのであれば、健全な投資はあなたを非常に裕福にする可能性があると思います。そして、決して貧しくすることはありません。その方が良いではありませんか」[3]。

バフェットはグレアムから、覚えやすいたとえ話を使って洗練された投資原則を伝えるやり方を学んだ。ミスター・マーケットのアイデアは素晴らしい例えであり、我々が日々繰り返し思い出すべきことでもある。

グレアムは次のような話をした。ミスター・マーケットはあなたのビジネスパートナーである。あなたが五割の株を保有し、彼が残りの五割を保有する。ミスター・マーケットは毎日あなたのもとに来て、あなたの持つ五割の株を買い取る、もしくは彼の持つ五割の株を売ることを提案する。彼は実際に非常に几帳面で、一日中価格を提示してくれるのだ。ただ、彼は気分屋でもある。非常に楽観的な日には、あなたの持つ株式に対してかなり高い価格を提示する。ところが、落ち込んでいるときにはとにかくビジネスから足を洗いたくなり、自分の持ち株を低い価格で売ろうとする。

あなたが自分自身に問うべきなのは、ミスター・マーケットが現在提示している価格に基づいて、あなたが持つ株式の価値を測るべきかどうかということだ。そうしないことを私は期待する。自分自身で企業を分析し、あなたがはじき出した企業の本質価値とミスター・マーケットの提示した価格を比較するのだ。

learning Point

学習ポイント

1. 健全な投資原則に従え。 グレアム・ドッド投資学派の中で二人と彼らの後継者が発展させたファンダメンタルズ分析のアプローチは、良いスタート地点だ。正しい指導者を探そう。生きている人でも亡くなった偉人でも構わない。

2. マーケットを数ポイント、アウトパフォームするだけで、大きな富の格差につながる。雪だるまの核の部分（少しの現金と安全な元本）をつくりさえすれば、中期的に高いリターンを出すことで雪だるまは徐々に大きくなり、上述した原則から逸脱しないようにその雪だるまを下り坂で転がしておけばいい。

3. 企業を詳細に分析し、安全性マージンを保ち、満足のいくリターンだけを目標としてこそ投資と言える。こうした特徴のすべてを備えていないのであれば、それは投機だ。

4. ミスター・マーケットの株式評価を受け入れてはならない。自分で調べるのだ。ミスター・マーケットは気分屋で、同じ状況にいる同じ企業にもかかわらず、ある時には高く評価したかと思うと、次の瞬間には否定的な部分だけに目を向け、喜んで安く売る。こうしたマーケットの不合理な動きに乗じるのではなく、そうした動きを利用しよう。

第2部

ヤング・バフェットの22の投資

Investment Deals

1941

[第1の投資]

シティ・サービス

Cities Services

バフェット11歳。はじめての株

- ▶投資先……シティ・サービス
- ▶投資時期…1941年、バフェット11歳
- ▶取得価格…一株当たり38.25ドル
- ▶株数………3株
- ▶売却価格…一株当たり40ドル
- ▶利益………5.25ドル

ウォーレン・バフェットの投資哲学の真髄は、投機家と投資家の線引きを明確に語れるということだ。金融市場の多くの人々がこのことを理解できないことが不思議なのだ。

二者のラインを自分の中で明確にしておくことが、株式投資家がリスクや失敗を減らし、時間をかけて財産を築けるようになるために必要なのだ。つまり、ゲット・リッチ・スローリー（ゆっくりお金持ちになろう）・アプローチと言える。

これからバフェットが受けた影響を少年時代からたどりながら、彼の哲学を説明していく。彼がほぼ一文無しから運用資産を大きくしたやり方を振り返ること自体が、読者にインスピレーションをもた

らすはずだ。

少年時代

バフェットは一九三〇年八月に生まれた。一九二九年のウォール街大暴落の直後で、世界恐慌が始まるころにあたる。父親はネブラスカ州オマハの株式仲介人で、下院議員も務めたことがある。家族は特段、裕福だったわけではないものの、恐慌でも大きな傷を負うことはなかった。中西部の家族特有の結束力のおかげだろう。ところが、聡明だった若きバフェットは貧困というものがどういったものかを痛感し（いたる場所で見られた）、金持ちになることを決意した。

子どものころは、あらゆる手段を尽くして小銭を稼ごうとした。他人が見失ったゴルフボールを集めて（もっといいのは、友人に集めさせて）売ったり、コカ・コーラをパックで買い、一本ずつ小分けにして売ったりした。古いロールスロイスを買って貸し出したこともある。

散髪屋のピンボールマシーンは彼のお気に入りの商売だった。マシーンを買ってから散髪屋に置かせてもらい、店主とその儲けを分け合う仕組みだ。最もお金を稼いだ仕事はワシントン・ポストの配達だった。家族でしばらくの間ワシントンに移り住んだとき、バフェットは早起きをし、学校に行く前に三つの配達ルートで新聞を配った。

熱心に働いたため、バフェットは十代半ばには数千ドルを貯めていた。十五歳のときには、オマハから七十マイル離れた場所で四十二エーカーの農地を千二百ドルで購入し、農家から利益の一部を徴収した（五年後にはその農地を買い値の二倍で売却する）。

最初に買った株

十一歳のときには早くも百二十ドルの貯金があった。それまでに六年間働き、節約して貯めたのだ。姉のドリスのお金と合わせて、シティ・サービスの優先株を六株取得した。バフェットが保有した三株で百十四・七五ドルかかった。

六月までに株価は三十八・二五ドルから二十七ドルに下落した。バフェットは自分を信じて、貯金を使って株を購入するよう姉を説得したため、罪悪感を感じた。自分を信じてくれた人に対するこうした責任感は、一九五〇年代と六〇年代には投資事業組合のパートナーを、それ以降はバークシャー・ハサウェイの株主を彼がいかに扱ってきたかを理解する上で非常に重要だ。

幸運にも株価は四十ドルまで回復し、その時点でバフェットは株を売却した。一株当たり一・七五ドルの利益を確定させた。

大学へ

バフェットは十七歳でペンシルバニア大学ウォートン・スクールに通った。だがすぐに学業を続けることに疑問を感じ、何の意味があるのだろうかと自問自答した。彼は六歳のころからビジネスをしており、すでにある程度の収入を稼いでいた。大学はその成長を遅らせるだけだった。彼は自分が教授以上にビジネスのやり方を知っていると思っていた。

授業は難なく切り抜け、ほかの興味と両立しながら二年間は学業を続けた。ただ結局、ウォートン・スクールのコースは中退し、家族が近くに住むネブラスカ大学に転校した。

株にハマる——投機家として

バフェットは大学の学業を優先することはなく、これまでのように金儲けに傾倒した。そのころには、ネブラスカ州の六つの郡で新聞配達の少年を管理する仕事やゴルフボール拾い、JCペニーの店員をしていた。

一九四九年には貯金額がおよそ九千八百ドルに達し、株取引に夢中になっていた。株取引で儲けられるよう、チャートパターンや数字パターン、端株取引などあらゆる手法を試した。つまりバフェットは投機をしていたのだ。

バフェットは一九四九年、ついにベンジャミン・グレアムの新著『賢明なる投資家』を手に取った。まさに神の啓示だった！　バフェットはすぐにグレアムとデヴィッド・ドッドが企画し、教えているコースを履修するために、コロンビア・ビジネス・スクールに通いたくなった。一九五〇年の秋から実際にコースを履修し、一九五一年の夏に経済学修士号を取って卒業した。そのプログラムの期間、バリュー投資の創始者二人が企画したコースには非常に集中して臨むことができた。バフェットはグレアムとドッドの銘柄選択に対する合理的なアプローチを貪欲に吸収したのだ。

learning Point

学習ポイント

1. **小さな利益にうっかり飛びつくな。**シティ・サービスの優先株の株価はバフェットが四十ドルで売却した後、二百二ドルまで急騰した。
2. **株式の購入のために支払ったお金には執着するな。**それはサンク・コスト〔注：取り戻すことができない費用〕だ。株価がそこからどこまで上がるのかを予測することが大事なのだ。株式を買った後に株価が下がれば、あなた自身の企業の本質価値の計算をもとに、その下がった時点から株式が将来どうなるかを見極めなければならない。多くの場合、企業の本質価値は株価と歩調を合わせて増減することはない。

3．他人のお金を運用するとき、間違った投資をすれば不信感が芽生える。バフェットは係争や悪感情を非常に嫌うため、成功の確信がない限りは他人のお金の運用を引き受けないと誓った。熱心なキリスト教の信者でもあったビリオネアの投資家、ジョン・テンプルトンはこう言った。「ＯＰＭは神聖なものだ」。ＯＰＭとはother people's money（他人のお金）の略だ。

1951

[第2の投資]

ガイコ

GEICO

企業を分析するために週末に会社を訪問

▶投資先……**ガイコ**
▶投資時期…**1951年、バフェット20歳**
▶取得価格…**1万282ドル**
▶株数………**350株**
▶売却価格…**1万5259ドル**
▶利益………**4977ドル**

この銘柄はバフェットがグレアムの手法を応用した初期の例だ。

バフェットは二十歳になり、コロンビア大学で二学期目（最終学期）に入っていた。すでに『証券分析』を何度も読んで、ケース・スタディを頭に叩き込んでおり、春学期にグレアムの授業が始まるころには、グレアムとドッドの教えをマスターしていた。バフェットは授業で彼らの教えについて議論したかったのだ。彼はクラスで一番に手を挙げ、ある企業の長所や二つの企業の比較などについて最も熱心にグレアムに議論を挑んだ（それはグレアムが好んだ授業のやり方だった）。学期の終了時、バフェットはグレアムからA+の評価を得た。グレアムが

A＋を与えた生徒はバフェットだけだった。

一九五一年初頭、バフェットはグレアムが小さな保険会社であるガバメント・エンプロイー・インシュアランス・カンパニー（ガイコ）の会長であることを知った。彼は興味を持ち、その企業についてもっと知りたいと思った。土曜日に彼は列車でワシントンＤＣに向かい、ガイコ本社の入り口のドアを叩いた。その先の展開を語る前に、まずガイコがどのような経緯でグレアムのファンド、グレアム・ニューマン・コーポレーションの傘下に入ったのかを説明した方がいいだろう。

ガイコの歴史

ガイコは公務員に自動車保険を販売する会社として一九三六年に設立された。同社は他社とは異なる販売方法を選んだ。ほとんどの競合他社は仲介業者を通じて保険を販売していたが、ガイコはそのやり方ではコストがかかりすぎると考えた。そして通信販売で直接顧客に売れば、保険料も安くできるし、利益率も高くなることに気付いたのだ。事業はうまくいっていたものの、一九四七年に支配株主のうちのある家族が保有している株式を売却したいと申し出た。全株式の五十五パーセントに相当する規模だ。株式仲介人としてロリマー・ダヴィッドソンを雇い、その売却を任せた。最初はなかなか買い手が見つからなかったものの、一九四八年にグレアムのファンドが七十二万ドルで株式を取得することになった。グレアム自身が会長に就き、ファンドの仲間の一人が経営を担った。

バフェットがドアを叩く——土曜日に!

一九五一年初頭の土曜日に話を戻そう。ガイコ本社の建物の管理人が入り口のドアを開け、偶然にもロリマー・ダヴィッドソンが出社していると教えてくれた(ダヴィッドソンは財務担当副社長として雇われていた)。バフェットは自分がグレアムの生徒だと伝え、ガイコについていろいろと調べてきたことを言葉のやり取りの中ですぐに証明し、的を射た質問をした。するとダヴィッドソンは、その若者との会話に数分間を割くことを受け入れてくれた(バフェットはそのころ、十六歳のオタクのようだったと自分でも認めている)。

二人が会話を終えたのは四時間後だった。バフェットは保険会社の仕組みに関する素晴らしい教訓を得て、ガイコには二つの競争優位があることを見極めた。

1. 非常に低コストの販売方法。
2. ニッチで良質な市場。同社の顧客はほとんどみんな安全運転者であり、保険リスクが低い。そんな顧客が同社と保険契約を結ぶことが習慣となっている。

特に非常に有能な営業チームを持っていたことから、ガイコの成長見通しはとても明るかった。利益率は平均的な保険会社の五倍だ。その上さらに、潤沢な現金フロート（支払われたが保険金を請求されていない保険料）を保有しており、投資目的で利用できるのだ。

バフェットが企業の本質価値を割り出すために会社について詳細な分析をした初期の例を我々は見ている。また、彼が専門家の意見に従うのではなく、自分の意見に固執することをこのケースで確認できる。彼は保険会社への投資を専門とする人たちにも話を聞いたが、彼らはガイコは割高だと話した。ガイコの市場シェアはたったの一パーセントしかなく、特に代理店を使った販売との熾烈な競争に勝てないと考えられていた。ところがバフェットはグレアムから学んでいた。ほかの多くの人があなたに賛同しないからといって、あなたが正しいわけでも間違っているわけでもないのだと。彼らの意見ではなく、事実を見るのだ。

バフェットは興奮しながら彼の純資産の六十五パーセントに相当する一万二百八十二ドルをガイコに投資した。

バフェットは一九五二年、一万五千二百五十九ドルでそれらの株式を売却した。リターンとしては悪くないが、次の事実を考えてほしい。もし彼がその後二十年間、株式を保有したまま釣りをしているだけで、一九六〇年代後半には百三十万ドルで売れていたのだ。痛みを伴いながらも学んだ教訓は、**素晴らしいと分かっている企業の株式を売却するのは賢明ではない**ということだ。ただ、バフェットを許していただきたい。これから見ていくが、彼は売却して得た資金をほかの企業への投資で有効に活用しているのだ。

バークシャー・ハサウェイが一九七〇年代初頭にガイコに再び投資したことを指摘しておきたい。二〇一六年時点で、同社は米国の自動車保険市場の十一・四パーセントを占めている。

learning Point

学習ポイント

1．宿題は自分でやろう。企業分析をする際には、財務状況などの定量的な要素と顧客からの評判や経営陣の能力など定性的な要素、その両方を見よう。

2．努力を惜しまなければ、いわゆる専門家よりも会社を理解することは可能だ。今回の例で言えば、大きな資産運用会社で働く多くのアナリストは決して小さな保険会社の幹部をわざわざ訪問し、話を聞いたりしない。彼らは年次報告書や産業レポートだけを読む方が好きなのだ。あらゆる投資家がこの教訓を自分たちにも応用することができる。あと一歩踏み込むことで、専門家よりも企業のことを知ることができるのだ。

3．資本を活用して大きな利益を出している会社を探そう。 ある会社が利益を再投資してその事業からより高いリターンを上げているのであれば、その会社は非常に価値が高いかもしれない。そうした状況では、利益は急増し、株価の動きもついてくる可能性が高い。

［第3と第4の投資］ Cleveland Worsted Mills and a Gas Station

クリーブランド・ワーステッド・ミルズとガソリンスタンド

間違いを犯さない投資家はいない。バフェットの2つの失敗

Ａ＋の成績を携えてコロンビア大学を卒業した後、バフェットはグレアムの会社で働くことを熱望していたが、グレアムは彼を拒み続けた。グレアムはユダヤ人で、当時のウォール街には偏見が根強く残っており、彼はユダヤ人に仕事を与えたかったのだ。バフェットは無給で働くことを申し出たが、それでも断られた。グレアムは何においてもバリュー投資の考え方〔注：本質価値の高い銘柄だけを買う〕を重視していたとバフェットは皮肉っぽく述べている。

二十一歳のバフェットは父親の会社で株式仲介人として働くために、後ろ髪を引かれる思いでオマハに帰郷し、実家で暮らした。株式仲介人として、彼は顧客

に株取引を売り込まなければならなかった。積極的にアイデアを出し、父親の会社を通して株を買うよう個人投資家に興味を持ってもらうのが仕事だったのだ。

ところが十六歳ののろまのように見えたバフェットは、オマハの金持ちに彼の選んだ銘柄を買ってもらえないかと話を持ちかけても、真剣には相手にされなかった。バフェットが話を持ちかけると、話に耳を貸してくれることはあったものの、その投資アイデアを経験豊富な株式仲介人に相談し、最終的に彼らを通して株を売買したのだ。また、「あなたのお父さんはどう思っているの?」と聞かれることもあった。投資アイデアは優れていたものの、バフェットはフラストレーションをため込んだ。

投資

一九五一年の年末には、バフェットは資産をおよそ二万ドルまで増やしていた。彼が世界で最も敬う二人であるグレアムと父親のいずれも、今は株価が高すぎるため株式市場には参入しない方がいいとアドバイスしていた。彼は二人の考え方には賛同できなかった。その年は優良銘柄を買う最高のタイミングだと判断し、バフェットは覚悟を決めた。儲ける可能性は非常に高いと考え、株式を買うために初めて借金までしたのだ(純資産の四分の一に相当する五千ドルを借りた)。

ここで警告させてもらうが、借金して投資するのは極めて有能で、運用資産のすべてを失っても生活に支障がないほど余裕のある投資家にのみ許される行為だ。私は他人には決して勧めないし、バフェットも他人に勧めてはいない。実際にその後、バフェットがお金を借りることはほとんどなかった（彼の保険会社のフロートが通常タダで必要なレバレッジを提供していた）。

二万五千ドルを元手に投資すべき銘柄を探して、バフェットは上場しているすべての米国企業を網羅した約一万ページもあるムーディーズの企業銘鑑に二度も目を通した。数秒で切り捨てる企業があれば、隅から隅まで調べた企業もあった。またグレアムを見習い、オマハ大学の夜間の投資の授業でグレアムの投資手法や自身のアイデアを教えた。この時期に、バフェットは投資で二度の失敗を犯している。

失敗1――クリーブランド・ワーステッド・ミルズ

クリーブランド・ワーステッド・ミルズの株価は同社の一株当たり正味流動資産価値（NCAV）の半分以下だった。つまり、同社の時価総額は流動資産に紐付けられたお金から全負債を差し引いた額の半分以下だということだ。実際に、もし同社が債務を全額返済し、固定資産の価値がゼロでも、現金や売掛金、棚卸資産などの形で現在の株式の市場価格の二倍のお金を保有していることになる。一九五〇年代のバフェットを物語る上で、この銘柄選択の手法は極めて重要であるため、以下でさらに詳しく説明する。

クリーブランド・ワーステッド・ミルズはNCAVの半値で売られていただけではなく、配当性向も高かった。これらの要因が相まって同社は魅力的な投資対象に見えたため、バフェットはオマハの証券会社の顧客にこの投資アイデアを売り込んだ。ところが投資は失敗に終わる。南部の州にある織物工場や合成繊維との熾烈な競争に巻き込まれた結果、巨額の損失を出し、配当を引き下げ、株価は下落した。

正味流動資産価値投資

信じられないかもしれないが、保有する流動資産の価値よりも安い価格で売られている企業が株式市場のどこかに埋もれている。流動資産とは現金や一年以内で現金化できる資産のことだ。主に棚卸資産や売掛金、現金で構成される。

さらに注目すべきことは、この流動資産から長期と短期、両方の負債を差し引いてNCAVを算出すれば、このNCAVを下回る価格で売られている企業を見つけ出すことができるということだ。

さらに驚くべきことに、このアプローチでは固定資産の価値を勘案していない。固定資産の価値はゼロだと評価するのだ。まさに極端に保守的なバリュエーションと言えるだろう。固定資産の中には非常に市場価値の高い建物や車両、工場などが含まれているかもしれない。それでもそれらすべてが無視され、価値の無い資産だとカウントされるのだ。

さらに二つの注意点が加わる。

1. 棚卸資産と売掛金の価値を差し引く

企業の貸借対照表に記載されている流動資産の価値を表す数字を額面通りに受け入れてはいけない。棚卸資産の評価においても安全性マージンを持ちたいと思う人もいるだろう。例えば、倉庫にある原材料や製造ラインに並ぶ未完成品、顧客にまだ売られていない完成品の価値について、経営者であれば会計担当者を通じてある特定の数字を決算日に申告するだろう。ただ、経営者が楽観的な見通しに基づいて物事を見るというのはよく聞く話だ。我々はバリュー投資家として、最善の結果に基づいた価値を素直に受け入れないことで、安全性マージンを確保することができる。古い在庫の一部は時代遅れとなり、製造原価と同じ価格ですら売れないかもしれない。部外者である我々はすべてのものに目を通し、それぞれに価値を付けることはできないが、安全性を確保するために棚卸資産の価値全体を、例えば三十三パーセント割り引くことができる。これはほとんどのケースで、ベンジャミン・グレアムが推奨する割引率だ。同じような安全性の原則が売掛金にも当てはまる。売掛金の回収率を推測する際に、企業の経営者はあなたよりも楽観的かもしれない。売掛金の価値は二割差し引くべきだろう。

2. 定性的要素を確認する

次にやるべきことは、企業の定性的な側面が健全であることを確認することだ（すぐに解散することがその会社にとって最良の行為ではないと想定する）。

（a）**会社の将来性。**既存の事業は中長期的に利益を出せるような健全な状況にあるのか？信じられないかもしれないが、正味流動資産価値と比べて安く売られている優良企業を見つけ出すことは可能だ。我々が探しているのはグレアムが「収益力」と名付けたものだ。グレアムによると、将来の収益力を見極める指標の一つは、直近の収益と配当が満足できる水準かどうか、さらに（もしくは）過去の平均収益力が高いかどうかだ。ここで大切なのは、何かすごいことが起きるという他人の予測や過去のデータのみに頼ってはいけないということだ。判断を誤るかもしれないからだ。例えば、ＪＣペニーやノキア、テスコは二〇一二年時点では過去のデータや事実を見る限り強力な企業に見えた。ただこれらの企業が気付いたように、競争環境は変わる。投資家はデータだけに頼らずに、これまでのビジネスが破綻しつつある兆候を入念に探らなければならない。

収益力とは足元の収益ではなく、過去五年から十年の収益と今後五年くらいの収益の予測に基づくものだ。他社と比較した企業の競争優位性やサプライヤー、顧客のことを考慮に入れなければならない。それだけではなく、新たな競合他社の参入や売り上げにダメージを与える代替商品や代替サービス（例えば、インターネットが旅行代理店や音楽パッケージの流通、書籍販売に取って代わったように）の可能性なども考慮の対象に含まれる。

（b）**経営者の質**。ここでは二つの側面が考慮の対象となる。

1．能力：長期にわたって経営者の過去の発言内容を調べ、実際の業績と比較する。

2．株主への態度：ある企業に有能で精力的な経営者がいたとしても、特に株主の利益に資するという点で誠実さを欠いていれば、良い投資対象にはならないかもしれない。

（C）**安定性**。既存の事業は十分に安定しているか？　債務の規模は将来の安定性を大きく損ねる水準ではないか？　債務規模が大きい、もしくは利益が非常に不安定な企業に投資家は投資したくはないだろう。大きな変化を受けにくい産業は安定している可能性が高い。つまり、バイオテクノロジー産業やゲームソフト産業は対象外になる。一方で、退屈な製品を売っているような産業の方が投資対象にはなりやすい。

どうして株価がこれほど安くなるのか？

負債よりも流動資産の規模がかなり上回る企業でさえ株価がＮＣＡＶを下回る理由は三つある。

1. 経営陣が業績の足を引っ張るビジネスを続けており、毎年赤字を垂れ流して、株主の資産を食いつぶしている。
2. 株式市場が理性を失うことで、株価が不当に低い水準まで下がる。
3. 株主が企業に対して株主に資する行為を行うよう圧力をかけていない。

正味流動資産価値の高い企業の株価はなぜ上がるべきなのか？

不遇の時期にある企業や赤字が続いた企業、景気悪化や業界の衰退で苦しむ企業は通常、マーケットの悲観にさらされている。企業の中身さえ問われないことがあり、泡沫企業だけではなく、健全な企業も投げ売りされる。そうした場合には、いずれ回復すると思える十分な根拠がある。

赤字続きが収束する、もしくは黒字続きに転換し、毎年のように貸借対照表上の資産が食いつぶされ価値を毀損してきた流れを断つ四つの展開が考えられる。

1．経済環境の改善により収益力が強化される

これは一般的な景気回復の結果かもしれないし、他社が市場から撤退することにより収益力が強化されることもある。競合他社が事業に失敗する、もしくはある事業から撤退することで、勝ち残った企業は価格を上げ、高い利益を出すことができる。

2．経営者が自らを鼓舞する

経営者が有能であっても、新たな競合他社からの猛攻撃や既存の競合他社による価格攻勢と

マーケティング攻勢にさらされているかもしれない。そうなると経営者は組織を再編し、過去の失敗から教訓を学び、新たにやる気を出して攻勢に出ることもある。

3．他社への売却

買い手は少なくとも解散価値（流動資産を貸借対照表上の価値くらいで売却できれば、企業の時価総額より高くなる）を払うことに抵抗はないだろう。そうなると、NCAV投資家は儲けることができる。

4．企業の解散、もしくは一部事業の解散

多くの会社は単純に存続し続ける合理的な理由がない。経営陣が資産を売却して事業規模を縮小する決断をすれば、株主のために使える手元資金が増え、株主に支払う配当が増えるかもしれない。特に多くの不動産を抱えるが、赤字ばかり出している企業にとっては、少しずつ資産を清算することで、二倍、三倍のお金が株主の懐に入るだろう。

NCAV投資家は投資リターンを得るためにこれら四つのイベントが起きるのを待っているのだ。

失敗2 ― ガソリンスタンド

バフェットはある友人と共同でオマハにあるガソリンスタンドを買収した。不運なことに、テキサコのガソリンスタンドが道路の反対側にあり、常に売り上げで後塵を拝していた。驚くべきことに、バフェットは販売促進に貢献しようと自ら肉体労働を買って出た。週末に彼自身が顧客対応をしたのだ。

彼はそこで競争優位に関する教訓を学ぶことになる。テキサコのガソリンスタンドは「素晴らしい評判を確立し、顧客にとても愛されている。顧客の忠誠心……常連客……これらを変えるために我々が打てる手立てはない」。このときに学んだことが、後に最も成功した投資で生かされた教訓となっている。例えばコカ・コーラなど、業界で最も顧客の忠誠心を勝ち取っている企業を探すようになったのだ。

ただ二十二歳のバフェットが味わった当時の経験は、ガソリンスタンドで二千ドルを失うという苦いものだった。

グレアムに投資アイデアを送る

バフェットはもう一度、グレアムのもとで教育を受けたいという思いを諦めきれず、彼に企業の分析レポートを送り続けた。グレアムと彼のパートナーであるジェリー・ニューマンはついに彼の熱意にほだされ、グレアム・ニューマン・コーポレーションでの仕事をオファーした。バフェットは同社のニューヨークオフィスで働く、パートナー以外でたった四人しかいない従業員のうちの一人となったのだ。

learning Point

学習ポイント

1. 間違いを犯さない投資家はいない。多くの間違いを犯すのだ。あなたも失敗するということを受け入れなければならない。失敗は投資にはつきものなのだ。いずれ失敗することを許容できる性格にならなければならない。成否を判断する基準は長期的なポートフォリオ全体のパフォーマンスだ。偉大な投資家でも四十五パーセントの確率で間違える。もし五十五パーセント正しければ、数年単位で見ると資産は大きく増えるだろう。

2. NCAV投資がバフェットの投資アプローチの核心だ。株価が大きく下落することで、流動資産からすべての負債を差し引いた価値の一株当たりの額がマーケットがその企業の株式に提示する価格を大きく上回ることもありえる。こうした企業の一部は株主価値が回復する可能性が高い。

3. 定性的要素も無視してはいけない。企業の競争力と経営者の質を理解することは、成功する投資の大半において最も重要なことだ。

1954

[第5の投資]
Rockwood & Co.

ロックウッド・アンド・カンパニー

干し草の山の中から一本の針を探せ！

- ▶投資先……ロックウッド・アンド・カンパニー
- ▶投資時期…1954～55年、バフェット23～24歳
- ▶取得価格…いろいろ
- ▶株数………N/A
- ▶売却価格…いろいろ
- ▶利益………1万3千ドル

グレアムのもとで働いた二年の間、バフェットは仕事に没頭した。彼の主な仕事は窓のない部屋で数百社の企業のデータをコツコツ調べることだった。グレアムの基準に合う企業、特に正味流動資産価値の高い企業に関する短いレポートを書いた。株価は割安で、投資家に無視され、愛されていない株式だ。

こうした投資は利益が出ていないいためにほかの投資家は目もくれない極めて割安な企業へのバフェットの賢明な投資の一つだ。

ロックウッド・アンド・カンパニー

ロックウッドは（チョコチップクッキ

ーに使う）チョコレートのかけらを製造する赤字続きの企業で、カカオ豆を大量に在庫として持っていた。当時、カカオ豆の価格は高く、もし同社が市場でカカオ豆を売れば、巨額の税金が課せられることになる。代替手段として、同社の取締役はグレアム・ニューマン・コーポレーションに買収の話を持ちかけた。ただ、提示された価格が高すぎた。

その後、ロックウッドは別の敏腕投資家、ジェイ・プリッツァーに買収に興味があるか聞いてみた。プリッツァーはカカオ豆を売却して得た利益にかかる五十パーセントの課税を回避する方法を考えた。新たに導入された税法によると、ある企業が事業規模を縮小する場合、その事業で抱えた在庫を一部清算する際にかかる課税を回避できることになっていた。プリッツァーはロックウッドの支配権を取得し、千三百万ドル相当のカカオ豆の清算を始めた。彼はカカオ豆を現金では売らなかった。同社の株主であれば一株当たり三十六ドル相当のカカオ豆と交換できると提案したのだ。市場での株価は三十四ドルだった。つまり、明らかな裁定取引の機会が生まれたのだ。グレアムはそのことに気付き、バフェットにロックウッドの株式を買うよう指示した。同社の株式をカカオ豆と交換し、そのカカオ豆を売却すれば、一株当たり二ドルの利益になるからだ。

ロックウッドがカカオ豆と交換に来た株主に与えたのは袋に入ったカカオ豆ではなく、カカオ豆の所有権を証明する倉庫の所有権証明書だった。証明書の価格の下落に備え、グレアム・

ニューマン・コーポレーションはカカオ豆の先物（将来のある特定の日にある決まった価格で一定量のカカオ豆を売ると保証する）を売り、裁定取引による利益を確定させた。毎週のようにバフェットは株式を買い、カカオ豆の先物を売らなければならなかった。

バフェットの工夫

この裁定取引でグレアム・ニューマンは大金を稼いでいたが、バフェットは自分ならもっと稼げると考えた。彼は単純にロックウッドの株式を二百二十二株購入した。以下が彼の考えたロジックだ。

- 一株当たり八十ポンドの重さのカカオ豆が提示されている。
- ロックウッドが保有するカカオ豆は、発行済株式総数に八十ポンドを乗じた量よりかなり多い。
- もしロックウッドに保有株を売却しない株主の一人になれば、まず第一に一株当たりのカカオ豆の取り分は提示されている三十六ドル分よりも多い。第二にほかの株主が保有株を売れば売るほど、一株当たりのカカオ豆の取り分は多くなる。
- カカオ豆だけではなく、利益が出ていることからこれからも存続する事業に関連する工場や機械、備品、現金、売掛金の価値も加わる。

プリッツァーは非常に賢い男で、こうしたことをすべて理解していた。バフェットは株式を購入することで、プリッツァーと利益を共有した。

結果はどうなったのか?

プリッツァーがカカオ豆との交換を提案する前にはロックウッドの株価は十五ドルだったが、およそ百ドルまで上昇し、バフェットは一万三千ドルの利益を得た。

learning Point

学習ポイント

1. 企業が取る行動とそれが将来の企業価値にもたらす影響については、徹底的に考え抜くことが重要だ（ほぼノーリスクですぐに利益が得られると考えて飛びついてはいけないのだ）。

2. こうした機会は日々、干し草の山の中から一本の針を探すような地道な作

業を喜んでやる投資家に訪れる。バフェットはロックウッドのような金脈を一つでも二つでも多く探し当てたいと思いながら、数千社の企業を調査した。

1958

［第6の投資］

サンボーン・マップス

Sanborn Maps

会社を変革するため株式を大量取得

- ▶投資先……サンボーン・マップス
- ▶投資時期…1958～60年、バフェット28～30歳
- ▶取得価格…一株当たりおよそ45ドル、総額約百万ドル
- ▶株数………発行済株式総数の22.8パーセントに当たる2万4千株
- ▶売却価格…ほかの複数の企業の株式と交換
- ▶利益………およそ50パーセント

バフェットがグレアムのもとで働き始めて二年ほど経ったころ、グレアムは引退した。そしてバフェットも職を失うことになる。一九五六年のこの時期、彼はすでにおよそ十四万～十七万四千ドル（参照した資料によって異なる）の資金を貯めていたため、新たな仕事を探すことはなかった。彼に必要だったのは、米国企業について考えを巡らせ、投資判断をするしっかりとした活動拠点だけだ。バフェットはオマハを選んだ。

　オマハに帰郷すると、二十五歳のバフェットは自分自身の投資に集中すると決心した。彼はまた、六人のスリーピング・パートナー〔注：出資するだけで業務活動には参加しない〕と共に小さな投

資事業組合を設立した。パートナーは三万五千ドルを出資したおばのアリスのように、ほとんどが親戚や地元の友人だった。投資事業組合は十万五千ドルを集めたが、バフェットが出資したのは百ドルだけだ。彼は寝室近くの小さな部屋で働いた。

投資判断はバフェット一人に委ねられており、パートナーにはどの企業に投資しているかを教えなかった（まねをして投資されるのを恐れたためだ）。ただ、運用成績の年次報告書を作成して配り、年次総会では妻のスージーがチキンディナーを用意した。バフェットの投資事業組合はすぐにほかの投資家の関心を集めるようになり（新たな資金の預け先を探していたグレアムの元顧客もいた）、バフェットは複数の新たな投資事業組合の設立に同意した。それらはすべて、一九六二年にバフェット・パートナーシップ・リミテッド（ＢＰＬ）に統合される。

投資事業組合の報酬制度と運用成績

安全な貸し出しを下回るリターンしかあげられないのであれば、パートナーから手数料を受け取るのは間違っているとバフェットは感じていた。そのため、もしパートナーに四パーセント以上のリターンを実現できない場合、その年には手数料を受け取らないと彼は言った（一九五六～六一年までの話だ）。それと引き換えに、リターンのうち四パーセントを上回る利益に関しては、高めの割合をバフェットは報酬としていただく。この成果報酬の割合は当初、最高で

表6-1　バフェットの投資事業組合の運用成績（1957〜68年）

年	ダウ平均株価のリターン（％）	投資事業組合のリターン（％）	バフェットの報酬を差し引いたリターン（％）
1957	−8.4	+10.4	+9.3
1958	+38.5	+40.9	+32.2
1959	+20.0	+25.9	+20.9
1960	−6.2	+22.8	+18.6
1961	+22.4	+45.9	+35.9
1962	−7.6	+13.9	+11.9
1963	+20.6	+38.7	+30.5
1964	+18.7	+27.8	+22.3
1965	+14.2	+47.2	+36.9
1966	−15.6	+20.4	+16.8
1967	+19.0	+35.9	+28.4
1968	+7.7	+58.8	+45.6
リターンの累計（1957〜68年）	**+185.7**	**+2610.6**	**+1403.5**
平均年率リターン	**9.1**	**31.7**	**25.3**

出所：BPLのパートナーへの手紙（1969年1月22日）

五十パーセントだった。一九六一年にはリターンの下限が六パーセントに上がり、成果報酬は六パーセントを上回る利益の二十五パーセントとなった。

バフェットは三年間という期間では、常にダウ平均株価を上回るという目標を自身に課した。彼は三年間という期間がファンドマネジャーの手腕を判断する上では最短の期間だと考えた。表6-1は一九五七～六八年にかけての彼の投資事業組合の運用成績を示している。一九七〇年初頭にバフェット・パートナーシップ・リミテッド（複数の投資事業組合が統合したもの）が解散するまで、信頼できるデータが残っている最長の期間だ。

この一九五七～六八年にかけて、バフェットは一度もマイナスのリターンを計上していない。（報酬を差し引く前の）平均年率リターンはダウ平均株価の三倍だ。

投資事業組合の運用資産が数百万ドルまで増えると、バフェットの年間報酬は非常に高額になり、それをパートーナシップに再投資して彼の持ち分を増やすことで彼は金持ちになったのだ。

この時期にバフェットが投資した企業の一つがこの企業だ。

サンボーン・マップス

サンボーン・マップスは凋落している会社だった。以前は保険会社に地図を提供するビジネスで大儲けしていた。地図にはすべての米国の都市の電力網や給水本管、建物が非常に詳細に表示されており、火事のリスクを試算するのに使われた。ところが保険会社が合従連衡を進めて数が減ったため、サンボーンの詳細な市街地地図の売り上げも減少した。また、リスクを査定して減らすための新たな手法が業界に導入されたことも逆風だった。

こうした事業環境の中でも、サンボーンの年間売上高はおよそ二百万ドルに上り、黒字も維持していた。ただ、利益は一九三〇年代後半の年間五十万ドル超から一九五八年、五九年には十万ドル以下に減っていた。利益が減少するにつれて株価も下落し、一九三八年に百十ドルだった株価は一九五八年には四十五ドルに下がった。同社の時価総額はおよそ四百七十万ドルまで落ち込んだ（四十五ドル×十万五千株）。

ここで重要なのは、サンボーンは地図を販売するビジネスに加え、一株当たり六十五ドルに相当する有価証券を持っていたということだ。つまり、およそ七百万ドル相当の売買可能な有価証券を持っており、巨額の利益を上げていたのだ。

ほとんど自社株を保有していない取締役メンバーは、会社が有価証券を保有して自分たちの給与を稼いでくれるだけで満足していた。巨額の流動資産を抱えているにもかかわらず、過去八年の間に五度も配当を減額するというあつかましさだった。

変革するには支配が必要だった

バフェットが一九五九年にパートナーに書いた手紙の次の部分から、彼のサンボーンに対する考え方が垣間見える。

「実際、この会社（サンボーン・マップス）は三十社、四十社の優良な有価証券を保有する投資信託会社の側面を併せ持っています。これらの有価証券の市場価値と営業活動の保守的な評価に基づく同社の資産価値から考えて、非常に割安な価格で我々は投資しており、今も割安なままです(4)」。

バフェットは一九五八年十一月から一九五九年末にかけて、彼が運用する投資事業組合の資金を使ってサンボーンの株式を取得した。彼は自己資金でも同社の株式を買い、友人にも買うように勧めた。バフェットは自分を信用してくれるできるだけ多くの人に、同社の株式を買ってほしかった。同社の本来の価値を発揮させるのに必要な変革を成し遂げるために、議決権を握っておく必要があったからだ。最終的に、投資事業組合、バフェット個人の口座、そして友人と家族を通して、自分を取締役に選任させるのに十分な株式を集めることができた。取締役会の残りのメンバーは、ほとんどがサンボーンの最大の顧客である保険会社の代表者だった。

最初の取締役会議でバフェットは次のように提案した。まず同社が保有している有価証券の価値を株主が受け取るべきだ。さらに、電子機器を使ってデータをより使い勝手のいいものにし、地図ビジネスの収益力を立て直すべきだ。保険会社を代表している取締役は反対したものの、ほかの取締役は賛同した。

バフェットは保険会社出身の取締役が彼のアイデアを阻止しようとしたことに腹を立て、投資事業組合と仲間である友人・家族で同社の株式をさらに買い増した（バフェットは父親も仲間に引き入れ、彼の証券会社の顧客にも投資するよう説得してもらった）。その結果、必要であれば同社を支配できる十分な持ち分を確保できた。例えば、バフェットの投資事業組合が二十二・八パーセントに当たる二万四千株を、彼の仲間がさらに二十一パーセント程度を取得した。バフェットはパートナーの資金の三十五パーセントをサンボーン・マップスに投資したのだ。

一九五八年のパートナーへの手紙の次の部分から、彼の思惑がさらに読み取れる。

「我々が保有しているほかの有価証券と比べて割安の程度はそれほど変わりませんが……

我々は筆頭株主であるため、割安感を解消するのに好きなだけ時間をかけられるという点で何倍もの大きな利点があります。この株式を保有している限り、運用成績がダウ平均株価を上回ることをほぼ確信しています(5)」。

バフェットはその支配的な立場を利用し、ほかの取締役メンバーに対してもし提案に従わなければ、臨時株主総会を招集し、取締役会を牛耳るという意思を伝えた。一九六〇年、取締役会は会社が保有している有価証券と交換する形で株主から株を買い取ることに同意した。バフェットの投資事業組合は自分たちの持ち分を差し出し、パートナーはおよそ五十パーセントの利益を上げた。バフェットは次のように述べている。

「千六百人いる株主のうち半数が取引に参加し、サンボーンの株式のおよそ七十二パーセントが有価証券と適正価格で交換されました。地図ビジネスには百二十五万ドル相当以上の国債と地方債が予備の資金として残りました……残った株主に帰属する資産の価値は小幅ながら上昇し、一株当たり利益は大幅に増え、配当利回りも上昇したのです(6)」。

learning Point

学習ポイント

1. 安全性マージン。 バフェットはこのケースで明らかにグレアムの考えをうまく活用している。安全性に十分な余裕のある株式を正味流動資産価値を下回る価格で買ったのだ。また、サンボーン・マップスには収益力があり、ビジネスを修正、もしくは人員削減すれば、収益力はさらに改善すると自信を持っていた。実際に、同社は今日まで事業を続けている。多くの株式を保有して企業経営に対する影響力を確保したことで、その自信はさらに強まった。

2. 数百万ドルを動員すれば、より大きな影響力を持つ。 巨額の資金を動員できる利点は、投資家が会社を支配することができるということだ。扱える資金の額が増えることで、少数の高圧的な取締役メンバーに支配されていないような企業を標的にすることも可能になる。二十九歳のバフェットでもほかの仲間と一緒に、明らかに旧態依然とした取締役の意向に反して株主価値を最大化させることができたのだ。強い熱意に加えて、株式買い占めグループ(見方によれば、関心を持つ個々の株主の集団とも表現できる)の仲間を説得できるような目的意識が必要だ。バフェットは対立を好まない性格だが、こと株主価値に関しては非常に闘争的にもなるのだ。

1956

[第7の投資]

デンプスター・ミル

Dempster Mill

チャーリー・マンガー登場

▶投資先……デンプスター・ミル
▶投資時期…1956〜63年、バフェット26〜32歳
▶取得価格…28ドル
▶株数………発行済株式総数の70パーセントに当たる約3万5700株
▶売却価格…80ドル
▶利益………230万ドル（230パーセント）

バフェットは運用していた複数の投資事業組合を統合し、バフェット・パートナーシップ・リミテッド（ＢＰＬ）を一九六二年一月一日に設立した。当初の純資産は七百二十万ドルだった。彼は個人資産のほぼ全額、四十五万ドル弱をＢＰＬに投資した。さらに彼は運用手数料を徴収してそれをＢＰＬに再投資するため、ＢＰＬの価値の一部は彼のものだった。

デンプスター・ミル

デンプスター・ミルはネブラスカ州ビアトリスに本社を構え、風車とかんがいシステムを販売している家族保有の小さな企業だ。バフェットは株価が十六〜十八ドルだった一九五六年に株式を取得し

始めた。同社の純資産はおよそ四百五十万ドル、一株当たり七十五ドルだった。正味流動資産は一株当たりおよそ五十ドルで、年間売上高は約九百万ドルだ。

同社は黒字の年はわずかな額で、赤字に陥る年もあった。経営者はその惨めな業績パターンをどう立て直すべきか途方に暮れているようだった。そのため株価は低迷していたのだ。また債務残高も高水準で、業界の景気も非常に悪かった。バフェットはデンプスターについて次のように述べている。

「売り上げは低迷し、在庫の回転率は悪く、投下した資本から生み出される利益はほぼゼロ。これらがデンプスターの過去十年の経営の特徴でした(7)」。

つまり、典型的なベンジャミン・グレアムタイプの投資だったのだ。そうした企業への投資から利益を上げる可能性はいくつかある。第一に業界の景気が上向く。第二に経営者が良くなる、もしくは入れ替わる。第三に企業を解散する。第四に株式公開買い付けを受け入れる。

バフェットと友人であるウォルター・シュロス、トム・ナップの三人は同社の株式を十一パーセント取得し、バフェットが取締役に加わった。彼はその後も株式を買い集め、ついに創業一家の持ち分も取得した。ＢＰＬは一九六一年半ばにはおよそ百万ドルを投じて株式の七十パーセントを取得し、過半数を保有する株主になった（さらに十パーセントの株式を数人の仲間が保有していた）。そしてバフェットは同社の会長に選出された。平均取得価格は二十八ドルで、デンプスターはＢＰＬの運用資産の二十一パーセントを占めた。

デンプスター・ミルの抱える問題

同社は利益の出ないベンチャービジネスを数多く手がけており、株主資本の多くが棚卸資産や売掛金に形を変えていた。大幅に事業を縮小し、資金をほかの用途、特に株式市場で取引されているほかのバリュー株の購入に使う方が理にかなっている。バフェットが月に一度、オマハから同社を訪問した際に棚卸資産を減らすように指示を出すと、経営者たちはうなずくものの、全く行動には移さなかった。

同社の資金不足は深刻で、融資していた銀行は倒産も視野に入れていた。一九六二年には、あと数カ月すれば倒産するという事態に至った。バフェットはパートナーに対して、運用資産の二十一パーセントが泡と消えたと説明しなければならない可能性に直面したのだ。まさに彼の投資判断の汚点となる失敗になるかに思えた。ところが友人の助けを少し借りることで、バフェットは将来性のなかった手持ちの素材を活用し、デンプスター・ミルを価値のある会社に大転換させた。

チャーリー・マンガー

バフェットがチャーリー・マンガーと出会ったのは一九五九年。オマハ出身（バフェットと出会ったときはカリフォルニアにいた）の知識人で、バフェットとは意気投合した。深い議論の場でバフェットと丁々発止のやり取りができる数少ない人物の一人だ。

マンガーは弁護士だったが、バフェットは彼に対して法律家は趣味としてやるにはいいが、投資家の方が稼げると話したという。実際にマンガーはカリフォルニアで投資ファンドを立ち上げ、投資アイデアについてバフェットと定期的に電話でやり取りするようになった。二人がデンプスターの問題について話し合ったのは一九六二年の春だった。マンガーはカリフォルニアにいる気鋭の経営者、ハリー・ボトルと知り合いで、彼なら助けになるかもしれないと思った。報酬は高額だった（ほとんどが業績連動型報酬）が、バフェットはボトルにビアトリスに来てもらうよう説得に成功した。彼はその報酬に見合う価値のある人物だった。

デンプスターの再生

ボトルは一九六二年四月にビアトリスに赴任し、デンプスター・ミルで赤字を出している部門を突き止め、リストラを敢行した。簡単ではなかったが、必要なことだった。バフェットが新たに雇ったビル・スコットもビアトリスに来て、同社の棚卸資産の仕分けでボトルを手伝った。スコットはもともと銀行員で、バフェットが講師をしていた投資の授業の受講生だった。バフェットのもとで働いていた従業員は、ほかにはオマハのキーウィットプラザにある小さなオフィスで働いていた秘書だけだ。

ボトルとスコットはデンプスターのマーケティングを刷新した。また、余剰設備を売却し、棚卸資産を削減し、五つの支店を閉鎖し、残った事業では販売価格を引き上げた（同社が唯一のサプライヤーである商品やサービスに関しては、価格を最大で五百パーセント引き上げた）。コストデータを適切に管理するシステムも作った。労働組合や地元の反対に遭ったものの、合計で百人の従業員がリストラされた。損益分岐点はほぼ半分になり、自由になった資金を使ってバフェットが株式や債券に投資した。

自身が断行した実践的な解決方法について、ボトルは次のように語っている。

「私は在庫の量を十分な利益率を上げられる水準まで減らすのに苦労していました。苦肉の策としてペンキ屋にお願いし、一番大きい倉庫の床から十フィートの高さの場所に壁を一周するように六インチの太さの白線を引いてもらいました。工場の監督者を呼んで、私がこの倉庫の中に入ったときに、積み上げた箱の上にこの白線が見えなかったら、白線が見えるようになるまで配送部門以外の全従業員を解雇すると伝えました。私は棚卸資産回転率が満足のいく水準に上がるまで、徐々に白線の高さを引き下げたのです[8]」。

一九六二年年始の棚卸資産は四百二十万ドルだったが、一年後にはわずか百六十万ドルまで減少した。一方、一九六一年十一月三十日（同社の決算期末）には現金が十六万六千ドル、負債が二百三十一万五千ドルだったが、負債総額が二十五万ドルまで減ったのに対して、現金と有価証券（BPLと似たような銘柄構成）を合わせた額はおよそ百万ドルに増えた。一九六三年七月には、株式と債券で構成されたポートフォリオは二百三十万ドルに拡大した。さらに、既存事業でも利益（バフェットの一九六三年の手紙によると、少なくとも一株当たり十六ドル）を上げるようになった。

投資リターンを確定

バフェットはウォール・ストリート・ジャーナルに広告を載せてまで、同社を売却しようとした。ビアトリス市民はまた新たな部外者が来て、最大の雇用提供者である同社をかき回すことを恐れ、一九六三年の夏に約三百万ドルを集め、デンプスター・ミル・マニュファクチャリング・カンパニーから継続事業として同社の事業資産を買い取った。現金と有価証券だけを抱える事業活動に従事していない会社の箱だけが残ったが、その箱を解散して株主に現金を還元した。その時点でBPLは七十三パーセントの株式を保有しており、一株当たり八十ドル、計三百三十万ドルの価値になっていた。バフェットは同社に投じた資金をおよそ三倍にしたのだ。

learning Point

学習ポイント

1．ビジネスの論理と好き嫌いは別ものであり、嫌われると多くの場合、大変な事態を招く。バフェットはビアトリスの住民全員を敵に回した。彼は対立したり憎まれたりすることに大きな恐怖を感じ、彼のために働く従業員を残酷に扱わなければならない状況には二度と身を置かないと誓った。なぜバフェットがバークシャー・ハサウェイで儲からない織物ビジネスを長い間続けたのか？　なぜ自分が好きで、信頼し、称賛でき、長い時間をかけて事業を成長させることのできる経営者がいる堅実なフランチャイズビジネスを好むのか？　なぜ企業経営には浮き沈みがある中でも、株式を保有し続ける傾向にあるのか？　こうした過去の経験を知れば、その理由が分かるだろう。バフェットは長期的で前向きな関係性を築くことを好むのだ。

2. 優れた経営者は奇跡を起こす。バフェットは次のように語った。「ハリーを雇ったことが私がこれまで下した最も重要な経営判断だったかもしれません。デンプスターは過去の二人の経営者の下で深刻な経営難に陥り、銀行は破綻懸念先企業として扱っていました。もしデンプスターが倒産していれば、私の人生と財産はそれ以降、大きく変わっていたでしょう[9]」。

3. 忍耐は報われる。この真意についてはバフェット自身の言葉が最も分かりやすい。「有価証券を買い増している間は、その価格が数カ月、あるいは数年の間、動かない方が我々にとっては都合がいいです。つまり、我々の投資結果を評価するにはそれなりの期間が必要だということです。少なくとも三年という期間を我々は推奨します[10]」。

4. 株主の資金を無駄づかいしている企業を探し出すことの重要性。過剰資本に陥っている企業がある。ハリー・ボトルはデンプスターが以前、そうであったことを証明した。新たに資金を調達したわけでもないのに、一九六三年の夏にデンプスターは資産のたったの六割しか製造事業に活用していなかった。製造活動には資産の六割しか必要なかったわけだ。残りの四割をバフェットは有価証券に投資できた。ボトルは一九六三年七月二十日付の株主への手紙の中でこの点について次のように述べている。「この過剰資本という状況は、企業に課された目標である満足のいく資本利益率を達成する上で、経営者に重要な課題を突きつけています」。

5. いくらで買うかは極めて重要だ。もし十分に安い価格で取得できれば、勝算はあなたの方に傾くことになる。バフェットが書いたように、「高く売れると思ってはいけません。取得価格が非常に魅力的であれば、平凡な売却価格でも儲けることができるのです[11]」。

6. 価格支配力を探せ。隠れた価格支配力を持っている企業はたくさんある。デンプスターの経営者はそれまで、可能であったにもかかわらず価格を引き上げる勇気がなかった。企業はある程度顧客をつかまえれば、価格を引き上げられる。そうした可能性を見極めるバフェットの能力は、彼のキャリアを通じて繰り返し垣間見ることができる。

1964

［第8の投資］

アメリカン・エキスプレス

American Express

勝算が高いときは集中投資せよ

▶投資先……アメリカン・エキスプレス
▶投資時期…1964～68年、バフェット33～37歳
▶取得価格…平均およそ71ドル、総額1300万ドル
▶株数………発行済株式総数の5パーセント
▶売却価格…およそ180ドル、総額3300万ドル
▶利益………2000万ドル（154パーセント）

ウォーレン・バフェットはベンジャミン・グレアムが重視した投資を定義づける要素を常に頭に入れていた。

- 詳細な企業分析。
- 安全性マージン。
- 満足のいくリターンだけを期待する。
- ミスター・マーケットの寓話で語られる投資家としての自立心と本質価値の考えも重要。

ただし、これらの原則はほかのバリュー投資のアプローチにも応用できることに注意してほしい。グレアムは既存の事業が失敗するといけないため、安全性マージンに特に配慮し、正味流動資産価値

の高さを重視した。そんな彼でも企業の収益力や安定性を評価し、経営者の能力や誠実さも考慮していた。

バフェットはこのアプローチを使って多くの企業を選んだ。我々はすでに、ロックウッドやサンボーン・マップス、デンプスター・ミルへの投資で彼のこうした投資アプローチを見てきた。バークシャー・ハサウェイも当然そうだが、バフェットはその後もこのアプローチに基づいた銘柄選択を続けた。

重点の変化

一九六〇年代初頭には、分析した企業の多くは貸借対照表が十分に魅力的ではなく、グレアムのアプローチでは銘柄選択の対象にはならないことにバフェットは気付いた。ただその中には財務が健全で、有能で誠実な経営者がいる上に、強力な経済フランチャイズ〔注：消費者に必要とされ、代替品がなく、価格規制を受けない商品やサービス〕を持つ将来有望な企業があることにも気付いていた。

こうした発見にフィリップ・フィッシャーのアイデアの影響[12]やチャーリー・マンガーとの定期的なやり取りが加わり、バフェットの投資アプローチは進化を始める。これはバフェットがグレアムのアプローチを否定したというわけではなく、単にバリュー投資という果樹園の中に多くの種類の熟したフルーツがあるということだ。

オマハの株主総会でバフェットとマンガーがよくされる質問の一つに「百万ドル以下の運用資産で始めるなら、どういう投資をしますか？」というものがある。彼らは割安で正味資産価値の高い企業を見つける可能性が高いもっと小規模の企業を選ぶと答えている。運用実績に変化を与えるには数十億ドルもの資金を投資しなければならない今となっては、そうした小規模の企業に投資することはできない。数億ドルを投資する際には、強力なフランチャイズを持つ企業を買って、長期にわたって保有することが合理的なのは明らかだ。

運用資産の少ない投資家はいずれのやり方でも投資できる。グレアム型の時価総額の小さい企業へのバリュー投資もできれば、経済フランチャイズを持つ企業（通常は大企業）の株式にも投資できる。より大きな資金を運用する投資家にとって、正味流動資産価値の高い企業のほとんどは投資対象として選択肢に入らない。運用資産の規模にふさわしい額を投資しようとすると、企業の株価を大きく変動させてしまうからだ。

アメリカン・エキスプレスはバフェットの新たな投資手法が垣間見える企業の一つだ。

アメリカン・エキスプレス

この話はある詐欺師から始まる。その男は大豆が原料のサラダオイルを買って、それを倉庫に保管していた。そのサラダオイルは商品市場で毎日価格がつけられており、詐欺師はサラダオイルを担保にして五十一もの銀行から融資を受けていたのだ。

アメリカン・エキスプレスはサラダオイルの入ったタンクを保管する倉庫を管理していた。サラダオイルはきちんとタンクの中に入っており、売買できることを裏付ける倉荷証券を発行していたのだ。そのため、銀行は安心してその詐欺師に数千万ドルを融資していた。

この話のオチは予想がつくのではないだろうか？　オイルは水に浮くため、サンプリングハッチのすぐ下の薄い液体の層となって、サラダオイルを貯蔵しておくことができるという点がこの単純な詐欺のヒントだ。

もしアメリカン・エキスプレスと銀行が実際の量以上のサラダオイルがタンクの中に入っていると信じてくれれば、大金を借りることができるということに詐欺師は気付いたのだ。彼はタンクのほとんどを海水で満たし、その上にサラダオイルの層ができるようにした。アメリカン・エキスプレスや銀行から多くの人が視察に訪れても、サンプルとして掬うのはタンクの一番上の部分であり、それを見てタンクの中には大量の価値のあるオイルがあると判断するのだ。

一九六三年九月、詐欺師の手口はさらに大胆になった。買い占め〔注：市場価格を実勢以上につり上げて利益を得ること〕ができると考えたのだ。不作の影響でソ連が食用オイルを輸入する必要があり、マーケット環境は非常に魅力的になっていた。彼はさらに証券会社からも融資を受け、サラダオイルの先物を購入した。

転落

ところが米国政府がソ連へのサラダオイルの輸出を禁止する政策を打ち出し、サラダオイル価格は暴落した。詐欺師は十一月に破産、銀行は一億五千万ドル以上を失った。銀行は資金を回収しようとアメリカン・エキスプレスに矛先を向けると、アナリストが存続を危惧するようになり、同社の株価は六十四ドルから三十八ドルまで急落した。

バフェットの市場調査

一九六〇年代初頭、アメリカン・エキスプレスはトラベラーズチェックの市場シェアでトップだった（手数料は競合他社より高かったものの、世界の市場シェアの六割を占めた）。また、クレジットカードの市場シェアも世界でトップだった。バフェットはオマハでお気に入りの高級バーに行き、状況を視察した。その店では一般の人々は変わらず、支払いにアメリカン・エキスプレスのカードを使っていることが分かった。ウォール街でのサラダオイル騒動には全く動じていなかったのだ。

バフェットはクレジットカードが利用できるほかのレストランなどの場所もチェックした。お店はこれまで通りアメリカン・エキスプレスのカードを受け入れていた。彼は銀行や旅行代理店にも行き、人々が変わらずアメリカン・エキスプレスのトラベラーズチェックを愛好していることが分かった。競合他社にも話を聞き、今でも強力なライバルだと思っていることが分かった。友人に連絡し、オマハ以外でも状況は同じであるかどうか確認した。思った通り、同社のサービスは変わらず評価され、ウォール街の大騒ぎにも無関心だった。

バフェットは同社の経済フランチャイズは無傷だと結論づけた。アメリカン・エキスプレスは市場を支配しており、価格支配力のある企業だった。強力なブランドと販売網で、顧客をしっかりと掴まえていた。

サラダオイルの事件での失敗でも揺らぐことなく、人々はこれまで通り同社のブランドを信頼していた。これまでの実績から十分な顧客の信用を勝ち取っており、そのことが競争優位をもたらしていた。顧客はトラベラーズチェックの前金として現金を支払っており、同社には巨額の現金フロートが生み出されていた。ただ、同社は決して**グレアム的**な銘柄ではない。資産の内容はそこまで魅力的ではなかった。

バフェットによる取得

一九六四年初頭、ＢＰＬの運用資産は千七百万ドルに達し、バフェットの持ち分はそのうち百八十万ドルだった。彼は株価をつり上げないように配慮しながら、できる限り多くのアメリカン・エキスプレス株を購入した。一九六四年六月にはおよそ三百万ドル分の同社の株式を取得した。

バフェットは株主として、詐欺の事件における自分たちの落ち度に対しての責任逃れはしてほしくなかった。こうしたタイプの企業では、評判（ビジネスフランチャイズの根幹だ）が存続すら左右することを知っていたからだ。評判を守るためにも、金銭的な損失を今のうちに受け入れておいた方がいい。そのため、バフェットは六千万ドルで銀行と和解する案を支持した。和解は成立し、株価は急回復した。

その年の十一月にはＢＰＬは四百三十万ドル以上のアメリカン・エキスプレス株を保有しており、一九六五年初頭になると運用資産のおよそ三分の一を占めた。バフェットはさらに買い増して、一九六六年までに千三百万ドルを投資し、発行済株式総数の五パーセントを保有するに至った。一九六七年には株価は百八十ドルまで上昇し、その時点でバフェットは大半を売却した。

学習ポイント

1. **企業についてよく考えよ。** 短期的な問題で株価が下落することがときどきある。その多くの場合、長期的な企業価値に変化はない。短期的な問題だけにマーケットの関心が集中しているとき、強力なフランチャイズと優秀な経営者を持つ非常に優れた企業を割安で買える絶好の機会が訪れる。

2. **勝算が高いときは集中投資せよ。** 素晴らしい機会が訪れたときは、それなりに大きな額を投資しよう。バフェットは運用資産の最大四割をこの一社に投資した。

3. **定性的な情報は足を使え。** うわさ話（scuttlebutt）は自分で調べよう（内情を知っている人なら誰でも話を聞こう）。金融街のアナリストの意見だけを鵜呑みにするな。昔の航海船上の飲水器（scuttlebutt）は飲み水の入ったたるだった。そこに船のクルーが集まり、おしゃべりした。うわさ話から意見、評論、事実まで、そのたる（現代で言えば冷水機）の周りで情報が行き交った。フィリップ・フィッシャーはその企業について知っている人であれば、誰でも話を聞きに行くという意味でその言葉（scuttlebutt）を使った。話を聞く相手は競合他社（例えば、「この業界では御社以外だとどの会社が一番ですかね？」と尋ねてみる）かもしれないし、従業員、サプライヤー、顧客などかもしれない。

1966

［第9の投資］

ディズニー

Disney

グレアムよりもフィッシャーやマンガー

▶投資先……ディズニー
▶投資時期…1966〜67年、バフェット35〜36歳
▶取得価格…400万ドル
▶株数………発行済株式総数の5パーセント
▶売却価格…620万ドル
▶利益………220万ドル（55パーセント）

ディズニーの株価は一九六六年、前期の一株当たり利益の十倍を大きく下回っていた。つまり、株価収益率（ＰＥＲ）は十倍以下だった。[13]ディズニーは一九六五年、税引き前利益がおよそ二千百万ドル、時価総額が八千万〜九千万ドルだった。さらに、現金の方が負債より多かった。ウォール街の印象は、『メリー・ポピンズ』で成功を収めたばかりだったが、制作中の作品がないためほとんど成長の見込みはなく、おそらく株価は下落するというものだった。

バフェットがとった行動

バフェットの調査の中で最も大切だったのは、『メリー・ポピンズ』を鑑賞し

ている多くの子どもたちに囲まれた映画館の席に実際に座ることだった。彼はその場で、子どもたちがどれほどディズニーの作品を愛しているのかを実感した。また、価値の高いバック・カタログ〔注：過去の作品〕があれば、人々は何世代にもわたってディズニー映画にお金を払い続けるということも分かった。例えば『白雪姫』が素晴らしいのは、作品が完成して制作費が会計処理された後でも、何度でも再利用することができるということだ。七年ごとに『白雪姫』に熱中する新たな子どもたちが出てくるのだ。さらに、子どもの通学バッグやTシャツへのライセンス供与からテーマパークなど様々な形で、映画に登場するキャラクターの人気を利用できる。また、ミッキーマウスには（例えば、トム・クルーズとは違い）取引相手に著作権の利用許可を与えることで発生する儲けの多くをかすめ取る代理人もいない。

バフェットとマンガーはカリフォルニアのディズニーランドも訪れ、乗り物の価値を分析するために歩き回った。バフェットはウォルト・ディズニーに会い、彼の仕事に対する身の入れ方と周りを巻き込む熱意に胸を打たれた。「パイレーツ・オブ・カリビアン」と呼ばれる新しく導入されていた乗り物も見せてもらった。この乗り物一つで同社の時価総額のおよそ五分の一に当たる千七百万ドルがかかっていた。バフェットは後に皮肉っぽく、「私がどれほど興奮したか想像してください。乗り物のたった五倍の価格で会社が売られていたのです！」と述べている。[14]

バフェットのロジック——グレアムよりもフィッシャーやマンガーの影響

バフェットはディズニーの無形資産を非常に重視し、貸借対照表上の資産にはほとんど注意を払わなかった。過去の映画だけでも株価の価値があると判断したのだ。映画の資産価値はゼロと評価されるため、こうした資産は貸借対照表上には現れない。バフェットは彼の思考の過程を次のように説明している。

「一九六六年、世間では次のように言われていました。「確かに今年の『メリー・ポピンズ』は素晴らしかったけど、来年はメリー・ポピンズのような作品は制作されない。となると、利益は下がるだろう」。たとえ彼らが言うように利益が下がっても、私は気にしません。ご存じのように、七年経てばメリー・ポピンズを再び上映できるからです……七年ごとに新たに収穫できて、その度に価格を引き上げることができる。そんな作品を持つより儲かるシステムはほかにありません……私はウォルト・ディズニーに会いに行きました。座って話をしながら、彼は会社の計画の全容を私に聞かせてくれました。これ以上ないほど素敵な人でした。冗談かと思えるくらい素敵な人でした。もし彼が個人で大きなベンチャー・キャピタルか大企業に赴き、もし同社が非上場で、「この会社に出資してほしい」と言えば……相談

図9-1　ディズニーの株価（1966〜1996年）

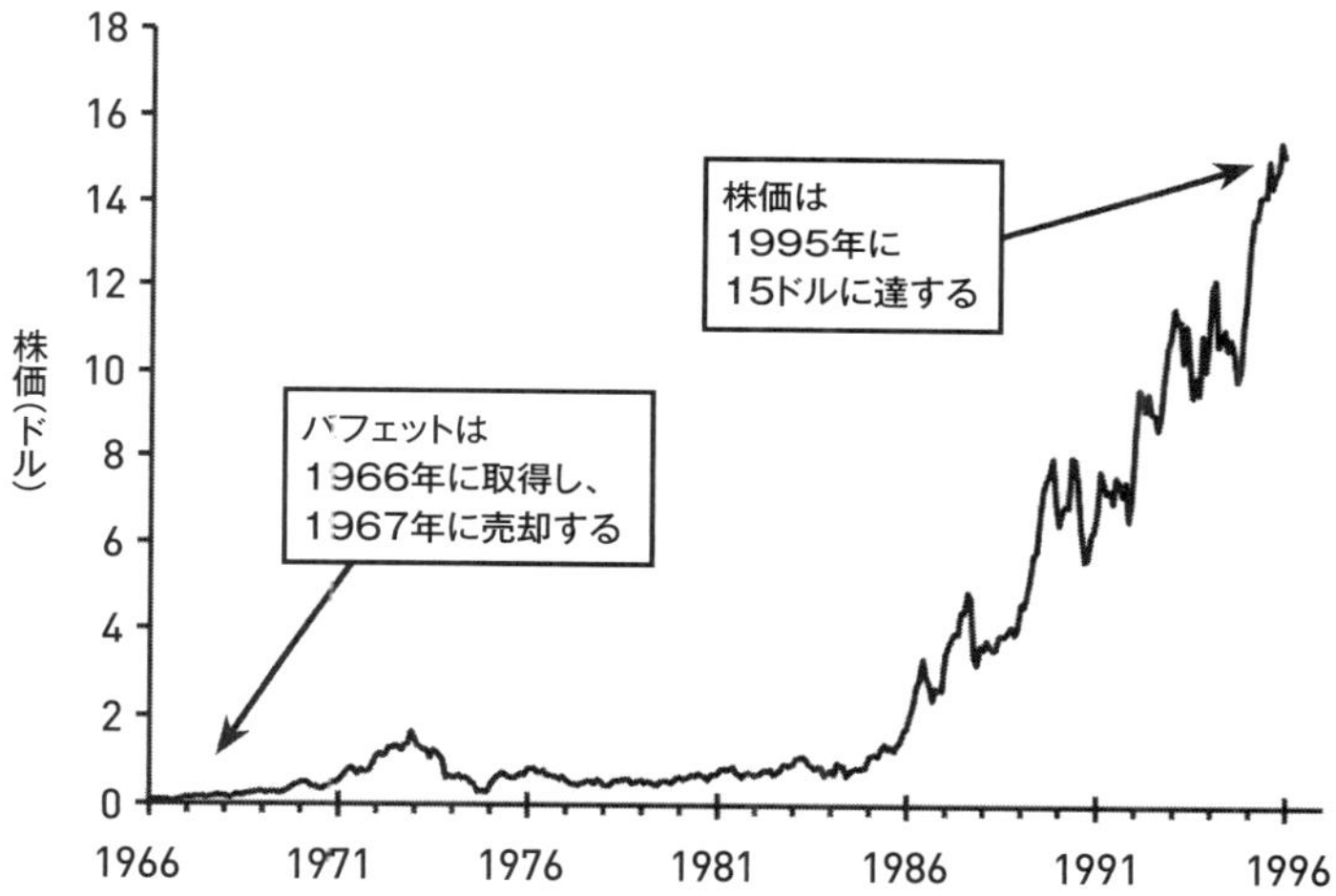

出所：Yahoo! ファイナンス

された相手は同社を三億~四億ドルと評価し、その評価を基準に出資額を決めるでしょう。毎日マーケットで買えるというまさにその事実から、（八千万ドルが適正評価だと）納得してしまっているのです。あまりに慣れ親しんだ企業であるため、見落としてしまうのです。ウォール街ではよくあることです[15]」。

BPLは四百万ドルを投資して、ディズニーの発行済株式総数の五パーセントを取得した。そして翌年に六百二十万ドルで売却する。そこそこの利益を上げたものの、売るタイミングがあまりに早すぎた。バフェット自身も次のように述べている。「（一九六六年に取得するという）決断は非常に素晴らしく思えましたが……あなたの会長（注：バフェット自身のこと）は（一九六七年に売却することで）その決断を無駄にしました」[16]。彼はディズニーの株価が一九六七～一九九五年にかけて百三十八倍になったことに言及しているのだ。

learning Point

学習ポイント

1．ミスター・マーケットもばかな時がある。 いつもではないが、時々そうなるのだ。長期の視点を持とう。機関投資家は短期を重視することがある。直近の業績の停滞期間が終わった後にその企業がどうなるのかを考え、機関投資家を出し抜くように心がけよう。

2．利益を増やすのに追加資本がほとんど必要ないビジネスは金のなる木になるかもしれない。 ディズニーは七年周期で過去の人気作品を新たな世代の子どもをターゲットに再上映してきた。その際、ほとんど追加費用は発生していない。また、ビデオからインターネットでのダウンロードに至るまで、次々と誕生する新たなメディアで映画を二次利用することができた。この際も制作にほとんど追加費用は発生していない。そうしたビジネスでは非常に高い使用資本利益率を実現できる。

3．何度も言うが、足を使った調査は重要。バフェットはウォルト・ディズニーに会いに行き、ディズニーランドや映画館に足を運び、ディズニーのブランド価値や製品を調査した。

4．日々の生活で製品やサービスの質を観察する。企業の製品やサービスの質を確認するのは難しくない。目をしっかりと開けておけばいいのだ。

5．売り急ぐな。バフェットは一九六七年にディズニーの株式を五十五パーセントの利益で売却した。彼はそのことを後悔している。その後も数十年間、同社の株式を保有し続けていれば、運用資産はもっと増えていた。

1962

［第10の投資］

バークシャー・ハサウェイ Berkshire Hathaway

「とんでもなく愚かな」決断

- ▶投資先……バークシャー・ハサウェイ
- ▶投資時期…1962年〜現在
- ▶取得価格…一株当たり14.86ドル、同社の時価総額1500万〜1800万ドル
- ▶株数………当初は発行済株式総数の7パーセント
- ▶売却価格…現在の株価はおよそ30万ドル、時価総額はおよそ5千億ドル
- ▶利益………数千億ドル

ハサウェイ・マニュファクチャリング・カンパニーは十九世紀、マサチューセッツ州ニューベッドフォードに本社を構える成功した綿紡績企業だった。第一次世界大戦中には、軍の制服需要で利益が急増した。ところが一九二〇年代に入ると、南部の安価な労働力に仕事を奪われ、世界恐慌を受けてニューベッドフォード地域の多くの工場が閉鎖の憂き目に遭った。所有者は資金を回収し、ほかの投資に回すようになった。

ただ一社だけ、織物業界に残ることを決意した企業があった。それがハサウェイだ。終戦以降、シーベリー・スタントンが経営の舵を握っていた。彼

は千万ドルを投じて設備を現代化した。スタントンと弟のオーティスは個人で借金をしてまで同社に資本を投下したのだ。

ハサウェイはナイロンなどの人工繊維にも参入し、男性スーツの裏地で支配的な製造企業になった。また、ファッションやカーテン市場にも参入した。ところが市場への新規参入を防ぐことができず、競争優位に欠けていた。非常にいら立たしかったのは低コストを売りにする極東の製造業者の参入だった。ところが、シーベリー・スタントンは織物ビジネスから資本を引き上げるのではなく、経営に対するプレッシャーが大きくなる中でも織物ビジネスにかたくなに固執した。一九五五年にはバークシャー・ファイン・スピニング・アソシエイツと合併し、企業の規模を二倍にした。

バークシャー

同じくニューイングランドの企業であるバークシャーはチェイス一家が百五十年以上にわたり支配し、（シーツやシャツ、ハンカチなどの）生地の製造を専門としていた。マルコム・チェイスが一九三一年から経営していたが、彼は一九五五年にはニューイングランドの織物ビジネスに追加投資するのは、負けが決まったビジネスに無駄な資金をつぎ込んでいるようなものだとなくなく判断した。

スタントンは対照的に、自分たちのチームの経営力に自信を持ち続け、合併によって財務基盤が強化されたと安心を深めていた。スタントンが合併した会社の社長となり、マルコム・チェイスは会長職に就いた。一万人以上の従業員と十四の工場を抱え、年間売上高は一億千二百万ドルに上った。スタントンは新しい紡績機の紡錘を注文し、織り機も新たに製造した。ところがスタントンの自信は見込み違いだった。合併から十年で、問題はさらに山積みになったのだ。

一九五五年以降の凋落

私は以前、ウォーレン・バフェットとチャーリー・マンガーと一緒にこの時期のバークシャー・ハサウェイの貸借対照表を見ていたことがある。そのときマンガーは、(バフェットが会社を経営していた)一九六〇年代にバークシャーの資産規模がまだ非常に小さかったことを指摘した。バフェットは前かがみになってその数字を確認し、「それは一九五五年のバランスシートだろ!」と言った。続いて「これが一九六四年の数字だ」と言って別のページを指差すと、彼は思わずこう叫んだ。「もっと小さいじゃないか!」。

表10－1は一九五五年のバークシャー・ハサウェイの貸借対照表の主な項目を示している。私が二人に見せたときに、マンガーが規模がまだ小さいと言った時代のものだ。

表10-1　バークシャー・ハサウェイの貸借対照表の主な項目（1955年9月）

資産	
現金	4,169,000
有価証券	4,580,000
売掛金と棚卸資産	28,918,000
不動産、工場、設備	16,656,000
その他資産	1,125,000
負債	
買掛金と未払金	−4,048,000
株主資本（発行済株式総数2,294,564株、一株当たり純資産22.4ドル）	51,400,000
1955年年初の株価	約14−15
時価総額	約32,000,000

（ドル）

一九五五年から九年間の売上高の合計はおよそ五億三千万ドルに上ったが、その期間はトータルで赤字だった。九年間で株主資本が半分以下に減少している。表10－2に詳細を載せている。

営業損失も株主資本の減少の一つの要因だが、もっと大きな要因は配当や自社株買いなどの株主還元だ。同社はその期間に千三百万ドルを投じて発行済株式総数の半分強を買い戻した。表10－3は一九六四年十月時点の貸借対照表の主な項目である。

シーベリー・スタントンの弟であるオーティスは、織物ビジネスに追加投資する戦略には賛同しなかった。そうした考え方の齟齬が原因で、二人の間

表10-2　バークシャー・ハサウェイの株主資本が半減（1955〜1964年）

1955年9月30日時点の株主資本	51,400,000
資本剰余金の増加	888,000
1956〜1964年の純損失の合計	−10,138,000
1956〜1964年の配当金の支払い	−6,929,000
自社株買い	−13,082,000
1964年10月3日時点の株主資本	22,139,000

（ドル）

にはすきま風が吹いた。また、シーベリーが経験の浅い息子のジャックを財務責任者に昇格させたという決断も火に油を注いだ。シーベリーは最終的にジャックを社長にするつもりだったのだ。チェイス一家もオーティスもジャックは不適格だと判断し、代わりとなる人物を探した。

また、シーベリーがニューヨークにいるユダヤ人との間の暗黙の合意を反故にする決断をした際には、彼の独断が大きな災いを招いた。ユダヤ人は織物ビジネスのバリュー・チェーンの中で、バークシャー・ハサウェイの工場でできた生地の最終工程（染色や仕上げ）を主に担っていた。ところがシー

表10-3　バークシャー・ハサウェイの貸借対照表の主な項目（1964年10月）

資産	
現金	920,000
売掛金と棚卸資産	19,140,000
不動産、工場、設備	7,571,000
その他資産	256,000
負債	
買掛金と未払金	−3,248,000
支払手形	−2,500,000
株主資本（発行済株式総数1,137,778株、一株当たり純資産19.46ドル）	22,139,000

（ドル）

ベリーは自前でそうした工程をやるようになり、彼らと競合することになったのだ。生地の仕上げや衣服の製造に従事していたユダヤ人は気分を害し、ニューヨーク全体からの受注が減った。業績はさらに悪化したのだ。

一九五〇年代後半から一九六〇年代初頭にかけて、織物業界の景気があまりに悪化したため、シーベリー・スタントンでさえ赤字の工場を閉鎖し、資金を引き上げることを支持した。一九六一年までの六年間で十四あった工場のうち半分を閉鎖し、従業員の数もわずか五千八百人にまで減らした。一九六二年には二百二十万ドルの損失を計上し、株価は八ドルを、時価総額は千三百万ドルを下回った。

バフェットの登場と「とんでもなく愚かな」決断

一九五〇年代半ば、ベンジャミン・グレアムと彼のパートナーであるジェリー・ニューマンはバークシャー・ハサウェイを詳細に調査したことがある。株価が一株当たり正味流動資産価値に近かったからだ（彼らが投資する際に求めた重要な基準だ）。一九五五年の合併以降、バフェットは同社を遠くから見守っていた。ただ、実際にBPLが同社の株式を買うのは、一九六二年十二月に株価が七・五ドルまで下落してからだ。（バフェットが二〇一四年に株主に向けて書いた手紙によると）当時、同社の一株当たり運転資本は十・二五ドルで、一株当たり純資産は二十・二ドルだった。売上高はおよそ六千万ドルだったが、工場は五つに減っていた。

同社は引き続き正味流動資産の価値より低い水準で取引されていたため、バフェットは株式を買い増した。その時点では彼は同社を買収するつもりはなかった。投資戦略は典型的なベンジャミン・グレアムの「タバコの吸い殻」だった。株価があまりに低いため、業績の一時的な変化やどうしても手に入れたい買い手への売却で、利益を出して売り抜けることができるかもしれないというものだ。バフェットの言葉を借りれば、「道端で見つけた一服だけ残ったタバコの吸い殻はほとんど吸えないかもしれませんが、割安な値段で買えばその一服が丸儲けになるのです」[17]。

シーベリー・スタントンは工場を閉鎖し、売却して得た資金で自社株買いをする。そのパターンを繰り返していた。バフェットは次回の自社株買いに応じて、売却益を確定させるつもりだった。間もなく二つの工場を閉鎖し、さらなる自社株買いを実施しそうな時期だったからだ。

運命を左右する自社株買い

スタントンは一九六四年春に最後の自社株買いを行うことに決めた。バークシャー・ハサウェイは百五十八万三千六百八十株を発行しており、BPLはその約七パーセントを保有していた。自社株買いを公表する前に、スタントンはバフェットにいくらであればBPLが自社株買いに応じるか打診した。バフェットは取得価格を五十パーセント以上上回る、十一・五ドルを提示した。彼は後にそのときの気分をこう語っている。「ついに来ました。タダで一服吸えます。私が吸うのを待っているのです。吸い終わったら、道端に捨てられている別の吸い殻を探しに行きましょう」[18]。

「分かりました。取引は成立しました」とスタントンは言った。ところが数日後の一九六四年五月六日、スタントンは株主全員に手紙を送り、二十二万五千株をたった十一・三七五ドル、バフェットと合意した価格を八分の一ドル（〇・一二五ドル）下回る価格で買い取ると伝えたのだ。

バフェットは「私はスタントンの態度に怒り心頭で、自社株買いには応じませんでした」と語っている[19]。彼は後に、それがとんでもなく愚かな決断だったと分かった。業界の景気は悲惨で、バークシャー・ハサウェイはどうあがいても赤字を垂れ流し続ける状況だったのだ。プランAを貫き通し、すぐに売却するのが賢明だった。ところがバフェットはスタントンからだまされたことにあまりに神経を逆撫でされ、売却するどころか同社の株式を買い増した。しかもアグレッシブに。平均取得価格は十四・八六ドルだった。バフェットは後に当時の状況を次のように振り返っている。「一九六五年初頭の大量購入を反省しています。一九六五年十二月三十一日時点で、一株当たり正味運転資本はおよそ十九ドルでした[20]」。

バフェットが株式を買い取った相手はスタントンの義理の兄弟やマルコム・チェイス（当時の会長）も含まれていた。取得株数は一九六五年春には発行済株式総数百一万七千五百四十七株のうち三十九万二千六百三十三株に達していた。三十八・六パーセントの株式を保有することで、五月の取締役会議では主導権を握った（その時点の時価総額はおよそ千五百万ドルだった）。

今では笑い話だが、バフェットは当時の状況を次のように表現している。「シーベリーと私の子どもじみた態度のせいで（八分の一ドルは果たして我々二人にとって大した額でしょうか？）、彼は仕事を失い、私はＢＰＬの運用資産の二十五パーセント超をほとんど何も知らないひどい会社に突っ込むことになったのです」[21]。

同社の織物事業の運営には、保有していた資産二千二百万ドルすべてが投じられていた。余剰資金はいっさいなく、二百五十万ドルもの債務を抱えていた。一九九八年七月二十日のフォーチュン誌でバフェットは次のように語っている。「ただ安かったというだけで、ひどい会社とかかわることになってしまいました」。潤沢に思えた運転資本は蜃気楼だと分かったと彼は後に語っている。バークシャーはただの吸い殻ではなく、水たまりに落ちた吸い殻だった。なんとバフェットは、全く輝きのない原石から企業帝国を築いたのだ！

今ではバークシャー・ハサウェイは世界有数の大企業だ（一九六五年に投資していた千二百人の株主の多くは、バフェットが経営の舵を握ってから二十年以内に億万長者になった）。バフェットがいかにしてここまで会社を大きくできたのか。今に至る過程には多くの価値ある教訓がちりばめられており、一つの魅力的な物語となっている。バフェットはふさわしいリーダーを見つけ、その人物に全幅の信頼を置く経営スタイルを取る。そのやり方がいかに重要であるかをまず見ていこう。

一九六五年当時、バークシャー・ハサウェイにおいて重要だった人物はバフェットではなくある管理職の男だった。彼はキャリアを織物の製造管理に捧げた、たたき上げの人物だ。彼はバフェットが会社の問題を解決するのに不可欠な存在だった。彼のおかげで、バフェットは必要な変革プランを練り上げる時間が作れたのだ。

本社への訪問

筆頭株主の代表として、バフェットは工場の見学に招待された（一九六五年五月の取締役会議でのクーデターより前のことだ）。ジャック・スタントンはバフェットに財務データについて少し説明しただけで、多忙により工場の見学には同行することができなかった。それが大きな間違いだった！

ケン・チェイス（創業一家のマルコム・チェイスとは無関係）がバフェットの見学の付き添いを命じられた。チェイスは控え目な四十過ぎの管理職の男で、製造部長の地位まで昇りつめていた。オーティス・スタントンとマルコム・チェイスはひそかに彼を次期最高経営責任者（CEO）の候補として目をつけていた。

バフェットはチェイスと二日間、何度も話をする機会があった。バフェットは会社のあらゆる側面を理解したかった。特に利益率が低いという問題を解決することに関心があった。あらゆる問題を把握した上で、ケン・チェイスであればどのようにしてそれらの問題を解決するかを知りたかった。チェイスの率直さをバフェットは気に入った。

デンプスター・ミルでの出来事以降、バフェットは経営難にある企業を立て直すにはふさわしい経営者が必要だと分かっていた。果たしてこの男は有能で、株主の利益に対しても誠実であるだろうか？　そう信じて大丈夫だろうか？　バフェットはこの控え目な男、ケン・チェイスは信頼できる男だと判断した。

チェイスは別の進路を考えていた

ケン・チェイスはすでにほかの仕事を探していた。バークシャー・ハサウェイにはほとんど将来性がないと痛感していたからだ。彼は競合他社の人に転職できないか打診していた。バークシャーの営業担当副社長に就いていたスタンリー・ルービンはバフェットとは知り合いで、彼が間もなく同社の支配権を獲得すると知っていた（もしくは推測していた）。また、バフェットはケン・チェイスに経営を継いでほしいと考えているのではないかと推測した。ルービンは一九六五年初頭、ケン・チェイスに電話をかけ、いまのポストを去らないでくれとお願いした。一九六五年四月、チェイスとバフェットはニューヨークで十分だけ会い、バフェットはチェイスにバークシャー・ハサウェイの社長になってほしいと伝えた。次回の取締役会議を主導する十分な数の株式をすでに保有しているが、この話はその時まで内密にしてほしいと彼に説明した。

バフェットは既存事業はチェイスにすべて任せると言明した。つまり、バフェットは通常の経営にはかかわらない。実際、支配権を握った企業におけるバフェットの役割は以下の三つだ。

1. 資産の配分
2. キーパーソンを選び、適切な成果報酬を考える。
3. 優れた成果を出している管理職の人物を奨励する。定期的な会議や報告は不要だが、各事業部門における数字を読むことを好む。

バフェットはすでに旧バークシャーを創業したチェイス一家（改めて言うがケン・チェイスの一家ではない）の多くに株式を売り渡すよう説得していた。オーティス・スタントンもバフェットが兄のシーベリーにも同じ提示額を持ちかけるという条件で売却に同意していた。一九六五年春にはバークシャー・ハサウェイは工場二つ、従業員二千三百人まで規模を縮小させていた。五月の取締役会議でスタントンは辞職し、息子のジャックとともに取締役を退いた。そしてケン・チェイスが社長に選ばれた。それから数年後、ＢＰＬは株式のおよそ七割を取得した。

ただ同社は悲観にくれる従業員ばかりいる、衰退しているニューイングランドの小さな織物会社である。果たしてどのような手を打てばいいのだろうか？　それが大きな難問だった。

一人のボス、一人の社長。そして儲からないビジネス

一九六五年、バフェットはオマハのオフィスでBPLの運用に集中しなければならなかった。パートナーの資金のかなりの額をバークシャー・ハサウェイに投資しているといっても、ポートフォリオに加える新たな銘柄を選ぶために数百の企業を分析しなければならない。どのように織物企業を経営すべきか、バフェットには全く手がかりがなかったが、ニューベッドフォードで生まれ育ち、織物産業にキャリアのすべてを捧げた社長のケン・チェイスが彼のもとにいた。執行委員会の委員長としてあくまで実権を握っていたのはバフェットだった(マルコム・チェイスは会長として残った)。

バフェットは同社を立て直すために、遂行すべきミッションとして次の八つの段階を踏むことにした。

1．清算人という汚名を返上する

デンプスター・ミルの事業を一部停止し、多くの従業員を解雇したとき、ビアトリスの市民から敵意を向けられ、バフェットはひどく心を痛めた。

彼はすぐにニューベッドフォードのメディアに対して、新たに工場は閉鎖せず、事業をこれ

まで通り継続する意向を伝えた。幸運なことに、合成繊維の市場がたまたま上向き始めており、利益が出そうな状況だった。実際、二年後（たったの二年！）に業績は黒字に転じた。

2. 業務分担

バフェットは口にしたことは必ず守る。織物工場の運営に関してはケン・チェイスにすべて任せた。バフェットの仕事は資金を管理することだ。

3. 成功報酬

バフェットは経営者にストックオプションを付与することを好まない。ダウンサイドリスクのない報酬であるため、株主の資金を使ってギャンブルするよう経営者に仕向けるからだ。その代わり、彼はケン・チェイスには千株の自社株を購入する機会を与えた。彼の年収はわずか三万ドルだったため、株式を購入する資金がなかった。バフェットは必要な一万八千ドルを融資すると持ちかけ、チェイスはその資金を受け取った。チェイスは経営者としての自分自身も、この小さな会社で大きなことを成し遂げるかもしれない新しい上司であるバフェットのことも心から信じていたのだ。

4. 使用資本利益率を重視

バフェットは工場の生産高や売上高、市場シェアを特に重視しておらず、利益を重視するのも事業目標の設定としては不適切だとケン・チェイスに説明した。

その利益を出すためにどれほどの株主資本が投下されたのかを考慮に入れなければ、利益の大きさを見るだけでは不十分だという理屈だ。つまり、本当に重要なことは使用資本に対する利益率だ。ケン・チェイスの成果はこの基準をもとに評価されることになった。

バフェットはこの点に関して次のように語っている。「五パーセントの利益率のある一億ドルの会社よりも、十五パーセントの利益率のある千万ドルの会社の方がいいです。残りの資金をほかに投資できるからです[22]」。

5. 資金を自由にする

バークシャー・ハサウェイにおける手持ち資金の使い方では、適切なリターンが上げられていないとバフェットははっきり述べた。チェイスに与えられた仕事の一つはできるだけ資金を自由にすることだった。これに関連して、月次の会計報告書の作成も命じられた。

6．悪いニュースはすぐに報告する

チェイスは予期せざる悪い出来事が差し迫っているかもしれないときは、バフェットに知らせるように命じられた。

7．重要な人材は称賛する

人々は自分が正しく評価されているというシグナルに反応する。誰かが良い仕事をしているときにはそのことを伝えた方がいい。バフェットは経営者も良い仕事をしていれば必ず褒めた。一九六六年のパートナーへの手紙の中で、バフェットはバークシャー・ハサウェイへの投資について説明し、「素晴らしい経営」についても触れている。さらに「バークシャーは楽しみな会社です……ケン・チェイスが一流の経営をし、それぞれの部門の目標に向かってチームをリードする極めて優秀な営業職員も何人かいます。我々は非常に幸運です」と述べている。

8．資金を配分するのはバフェットの専任業務

同社はこれまで織物ビジネスに資金を湯水のように注ぎ込んできたことから、バフェットが資金をコントロールをする必要があった。彼は考え方が柔軟でほかの業界にも精通していたため、より幅広い選択肢の中から資金の投入先を選び、賢明な投資をすることができた。

最初の二年間

バフェットが経営を始めてから最初の二年間、バークシャー・ハサウェイは黒字だった。ケン・チェイスは織物ビジネスへの追加投資を求める見栄えのいい見積もりを持ち出してきたが、バフェットはほとんど工場には追加投資しなかった。バークシャー・ハサウェイの過去の平均リターンは悲惨なもので、将来もその延長線上にならない理由を見出せなかったからだ。

チェイスは指示された通りの仕事をこなし、棚卸資産や固定資産を売却して自由な資金を得た。株主への配当は最初ほとんどなく、やがて無配としたため、資金を貯めることができた。

生産高の約一割を占めていた高級綿ローンなど一部の事業は巨額の損失を計上しており、事業を継続することが馬鹿げていることは誰の目にも明らかだった。こうした事業からは撤退し、数百の職が失われた。

一九六七年初頭まではある程度の資金を貯めることができたため、一九六六年の年次報告書では将来の収入の柱として新たな事業を加える可能性を示唆した。「我が社はふさわしい買収先を探しており、織物業界ではないことも考えられます」。

次章ではその素晴らしい買収先について見ていくことにする。

学習ポイント

1. 感情的になってはいけない。 バフェットは自らの怒りが原因で、穴に転げ落ちている企業の株式の七割を保有する羽目に陥った。自分で土を掘ってその穴から抜け出さなければならなかった。彼は非常にうまく土を掘り出し、運も手伝って最終的には見事に穴から抜け出すことができた。ただ、もし彼がもっと上質な原石から事業を始めていれば、もっと良い結果になっただろう。

2. 能力が高く、誠実な経営者は極めて重要だ。 重要な人材がきちんとモチベーションを高く保って働けるようにする。そうした配慮をすることが賢明な経営と言える。そのためには、株主の利益を損ねない限り、彼らに与える経営目標と金銭面での報酬パッケージはシンプル（数行で十分であり、報酬コンサルタントが作成する数ページに及ぶような成功報酬パッケージは必要ない）かつ潤沢にすべきだ。バフェットがバークシャー・ハサウェイで行ったことが一つの良い例だ。

3．資本を再配分せよ。 企業は投資先を自分が事業を展開している産業に限定する必要はない。ほかの産業の方が使用資本利益率が高いかもしれない。

4．付き合う人全員に対して、必ず礼節をもって接するように心がけよう。 ——九六五年からの二十年間、バークシャー・ハサウェイは何度も既存の事業から撤退し、使っていた資本をより生産性の高い投資先に振り替えなければならない局面があった。冷酷ではあるが、それが合理的だったのだ。ただ、バフェットはあくまで長期的な視点に立って事業経営に取り組んでおり、従業員に対しては常に誠意を怠らなかった。礼節を重んじるという評判は、重要な経営資産となっている。そうした態度は誰かの影響を受けたわけではなく、生まれつきの寛大な性格に由来している。事業の売却を希望している多くの創業一家がバークシャー・ファミリーの一員として居心地のいい場所を見つけてきた。継続、長期的価値、誠実が常に重要なモットーであり、資産剥奪などの短期志向はタブーだ。数十年前にバークシャーに株式を売却して以降も、多くの創業家のメンバーが忠義を尽くして事業経営を続けている。彼らはすでに億万長者であるにもかかわらず、友人であるウォーレン・バフェットと一緒に働き続けたいと思っている。バフェットが経営の裁量や尊敬、称賛、目的意識を与えてくれるからだ。

1967

［第11の投資］ National Indemnity Insurance

ナショナル・インデムニティ・インシュアランス

バークシャー・ハサウェイの偉大な企業への第一歩

- ▶投資先……**ナショナル・インデムニティ・インシュアランス**
- ▶投資時期…**1967年〜現在**
- ▶取得価格…**860万ドル**
- ▶株数………**全株式**
- ▶売却価格…**現在の時価総額は数十億ドル**
- ▶利益………**数十億ドル**

これまでの話をここで簡単に振り返ろう。一九六五〜六七年ごろまで話は進んでおり、その時期のBPLの運用資産額はおよそ三千万〜六千万ドル。そのうちバフェットの持ち分で、彼が稼いだ運用報酬の再投資に当たる部分が五分の一程度だ。BPLはコモディティ化した織物を生産し、儲からないビジネスを行っていたバークシャー・ハサウェイ（BH）の筆頭株主となっており、同社の純資産は二千二百万ドル、時価総額も同程度の規模だ。その時期、BHはなんとか黒字を確保していたが、長期的に満足のいく使用資本利益率を継続するのが不可能なことがバフェットには明らかに分かっていた。

バフェットは織物事業に投資する際は必ず彼の承認を求め、工場は引き続き稼働させるものの、可能な限り資金を棚卸資産と売掛金から解放するようにと指示を出した。経営者と従業員が前向きに利益を上げようと努めている限り、バフェットは工場の閉鎖をためらった。その状況は二十年間も続いた。

バフェットは大半の時間をBPLの新たな投資先の選定に費やしたが、BHをどうするかについても頭を悩まさなければならなかった。彼は定期的に社長のケン・チェイスと電話で会話し、BHの事業のどこで費用を節約できるかについて議論した。

ジャック・リングウォルト

BPLを設立してから間もない一九五〇年代半ば、バフェットはオマハで有名なある人物にアプローチし、BPLへの投資を勧誘した。ジャック・リングウォルトという人物で、保険会社をゼロから大きくして財を成した人物だ。バフェットが十代の若者に見えたにもかかわらず、一万ドルを投資すると言ってくれた。ところがバフェットはその金額を断り、五万ドルを投資してほしいと要求した。それより少ない額では受け付けないと言ったのだ！

大学中退だが、頭の切れる事業家であるリングウォルトは次のように言った。「もし私が君のような若造に五万ドルを預けると思っているとしたら、思っていたより頭がおかしいようだ」[23]。彼は一万ドルの投資を撤回した。数年後、彼はもしバフェットに五万ドルを預けていれば、いくらになっていたかを頭の中で何度も計算した。二十年で二百万ドルになるという結論だった。

一九五〇年代から一九六〇年代初頭にかけて、バフェットはリングウォルトの会社であるナショナル・インデムニティ・インシュアランス・コーポレーションが力強く成長する様子を遠くから眺めていた。一九六七年二月、バフェットはついにこの優れた企業の成長から利益を得る立場に立った。同社の買収によってバークシャー・ハサウェイは大きく変わり、偉大な企業への道を歩み始めることになるのだ。

一九六七年のナショナル・インデムニティ

ジャック・リングウォルトはオマハの二つのタクシー会社が賠償責任保険をどの保険会社とも契約できないと知り、弟のアーサーと一九四〇年にナショナル・インデムニティ（ＮＩＣＯ）を創業した。同社には当初、リングウォルト兄弟を含めて四人の従業員しかいなかった。大きな保険会社が手を出さない標準的ではないリスクに対する保険の販売に大きなビジネスの可能性を見出していた。あらゆる正当なリスクに対して適切な保険料率があるという哲学が、ジャックの次の格言に込められている。「悪いリスクなどというものはない。あるのは間違った保険料率だけだ」。

つまり、長距離トラックやタクシー、レンタカー、公共バスなどリスクの高い種類の保険を恣意的に断るべきではないということだ。リスクを正当化するほど保険料を高く設定すればいいのだ。NICOは自動車保険だけではなく、次のようなかなり変わったものに対しても保険を提供した。

- ライオンの調教師などサーカスの出演者
- バーレスク〔注：風刺劇〕の花形俳優の足
- ラジオ局主催の宝探しゲーム〔誰かが暗号を解いて隠れたアイテムを探し出したときに保険金を支払う仕組み〕

ジャック・リングウォルトはこまめに電気を消し、クロークの利用が有料だといけないため昼食時にコートを着て行かないなど、ケチで有名だった。こうした習慣は本物のバリュー・シーカー〔注：価値を追求する人物〕には共通の特徴で、まさにバフェットが気にいるタイプの人物であったのもうなずける。彼は知性やビジネスの知識などほかの面でも好感の持てる人物だった。いつリスクを取り、いつ身を引くかを心得ていた。勝算を間違ってはいけないのだ。

リングウォルトとバフェットは親しくなった。

NICOは多くの保険契約を抱えており、一九六七年二月にはフロートが千七百三十万ドルまで増えていた。

リングウォルトは自分のことを優秀な投資家だと思っており、同社のもう一つの収入源を確保するためにフロートの投資対象を探した。一方、バフェットは自分がリングウォルトよりもフロートを有効活用できると考えた。もし保険ビジネスで利益がゼロ、もしくは多少の赤字であっても、フロートの一部を株式に投資するだけでNICOに十分な利益をもたらすことができると考えたのだ。

いつものようにバフェットは保険ビジネスを隅々まで理解するために、自分の専門領域を広げる必要性を感じた。彼は図書館に長時間こもり、保険の仕組みやロジックを調べた。そして満を持して、バフェットはNICOを売却してもらうようにリングウォルトに話を持ちかけた。

ナショナル・インデムニティの買収

もう一人のオマハの人物、チャールズ・ヘイダーがいなければ、ナショナル・インデムニティの買収はおそらく成立しなかっただろう。彼は一九五〇年代初頭には株式仲買人としてバフェットと競い合う関係だった。二人は富裕層を顧客として、それぞれの証券会社を通じて株式を買ってもらうよう営業して回っていたのだ。

ヘイダーは非常にバフェットのことを尊敬しており、バフェットが設立した投資事業組合の最初のパートナーの一人だった。バフェットは一九六〇年代にファンドを大きく成長させた成り上がりだったが、ヘイダーはオマハで古くからの名家で、非常に敬意を払われていた。二人はときどき意見を交わし、ヘイダーがＮＩＣＯの取締役だったため、ジャック・リングウォルトと同社も話題の一つだった。リングウォルトがビジネスのすべてに憤りを感じるときがあるとバフェットに教えたのも彼だった。顧客から苦情を受けて気分を害した後にそうなることが多く、そういうときはあらゆることを放り出して、会社を手放したくなるというのだ。ただヘイダーによれば、そうした怒りの瞬間は一年のうちでたった十五分程度だという。

その話はバフェットにとっては思いもしなかった朗報だった。リングウォルトが再び会社を売却したい気分になったときは、電話をするようにヘイダーに伝えた。一方、バフェットはリングウォルトに対して、少数の一般株主だけに提供している情報を彼にも送るようにお願いした。ＮＩＣＯがどのようにフロートを運用しているのかに興味を示すことで、バフェットは自分をおだてているのだとリングウォルトは勘違いした。どの銘柄に投資しているのかをバフェットが彼から学びたいのだと思ったのだ。彼は情報の提供に同意した。もちろん、バフェットが本当に関心があるのはＮＩＣＯの事業経営であり、リングウォルトが提供した資料から長きにわたる会社の歴史の概略をつかむことができた。

一九六七年二月

チャールズ・ヘイダーは大量の株式の売却を仲介できることで有名で、一九六七年初頭、リングウォルトから会社を千万ドルで売却することは可能か電話で相談を受けた。ヘイダーは約束通りすぐに友人のバフェットに電話をかけ、その日の午後にバフェットとリングウォルトとの話し合いは設定された。話し合いはすぐに終わった。リングウォルトは会社から帰宅途中で、翌日から休暇だった。バフェットは売却に関して次のような質問をした。

バフェット……「どうしてこれまで会社を売らなかったのですか？」
リングウォルト「買いたがっていたのが悪い奴らや破産した奴らだったからだ」
バフェット……「ほかに理由は？」
リングウォルト「ほかの株主が一株当たり自分よりも安い金額しか受け取れないのが嫌だからだ」
バフェット……「ほかには？」
リングウォルト「代理店を裏切りたくなかったからだ」

バフェット……「ほかには？」

リングウォルト「従業員に失業の心配をしてほしくないからだ」

バフェット……「ほかには？」

リングウォルト「私は会社がオマハの会社であることにある種の誇りを感じている。会社にはずっとオマハに残って欲しいんだ」

バフェット……「ほかには？」

リングウォルト「どうかな……それで十分だろ？」

バフェット……「御社の株価はいくらですか？」

リングウォルト「ワールド・ヘラルド（オマハの新聞）によると、市場での価値は一株当たり三十三ドルだけど、実際は五十ドルの価値があるよ」

バフェット……「私が買いましょう[24]」


リングウォルトは不意を衝かれた。バフェットが会社を買いたがっていたとは夢にも思わなかった。彼はいったん冷静になり、自分が本当に会社を売りたいのか分からないという気持ちに戻った。後に彼は次のように語っている。「ただ、バフェット君は少なくとも誠実だという評判で、金銭面でルーズではない。それほど悪い考えではないかもしれないと思った。また、おそらく私がフロリダにいる間に彼も心変わりをするだろうとも思っていた[25]」。

ところがバフェットの決意は固かった。その週の間に彼は必要な書類（一ページに満たない契約書）を作成し、買収資金も口座に用意した。リングウォルトが翻意する時間を与えたくなかったのだ。リングウォルトは本当は売却を撤回したいのではないか。バフェットはそう疑っていた。一方で、リングウォルトが誠実で、取引から手を引かない人物であることも分かっていた（リングウォルトはバフェットに今すぐに買収するのは思いとどまらせようとしたのだが）。

リングウォルトは休暇から戻るとすぐに契約書にサインをした。彼は会議には十分遅れたのだが、それ以降、時間を使い切っていないパーキング・メーターを探し回っていたとからかわれ続けた。根っからのケチというわけだ。実際は売却を逡巡していたといううわさだ。バークシャー・ハサウェイはＮＩＣＯを八百六十万ドルで買収した。

バフェットが支配

バフェットは非常に才能があり経験豊かな人材を会社にとどまらせることにかけて、卓越したすべを持っている。その人物がどれだけ年を取っていようが気にかけない。彼らの知識や判断力、人的ネットワークが企業の成功にとって不可欠なものだからだ。さらに、バフェットは考えなければならない投資案件を山ほど抱えている。一つの企業の日々の細かい経営にかかわっている暇がないのだ。

彼はジャック・リングウォルトに会社に残り、仕事を続けるよう説得した。バフェットは十分な報酬を与え、二人は友好を深めた。リングウォルトは三十日間の移行期間だけだと思っていたが、六年間も会社に残ることになった。彼は次のように語っている。「バフェット君は非常に思いやりのある会長だと思う。私は六年以上も会社に残り、退職するころには通常の退職年齢である六十五歳を大きく超えていた」[26]。リングウォルトは賢いことに、ＮＩＣＯの売却で得た資金の一部でバークシャー・ハサウェイの株式を購入した。その株式でもうひと財産築いたのだ。

ＮＩＣＯには果たして競争優位があったのだろうか？

その点については、まずバフェットが二〇〇四年にバークシャー・ハサウェイの株主に送った手紙の一部を見てみよう。

「我々が（商用車保険と一般賠償責任保険を専門としていた）この会社を買ったとき、業界の慢性的な課題に打ち勝つような強みを全く持っていないように見えました。有名な会社ではなかったし、情報の優位性もなく（アクチュアリーが一度も在籍していなかった）、低コストの業務体制でもなく、多くの人が時代遅れと感じていた一般代理店を通じた保険販売をしていました。それでも創業してから三十八年間、ほとんどの年で非常に素晴らしい業績を上げてきました。もしこの会社を買収していなければ、今のバークシャーの価値は半分もあれば幸運だったと言えるでしょう。

我々の強みは大半の保険会社が真似することができないと思える経営の考え方にあります。次の図を見てください」。

絵に描いたような規律ある保険引き受け

「我々が一九八六～一九九九年にかけて経験したような減収をもたらすビジネスモデルを採用できる上場企業をほかに想像できるでしょうか？　ここは強調させていただきたいのですが、当時の大幅な減収はどこにもビジネスの機会がなかったからそうなったのではありません。もし保険料の引き下げをいとわなければ、我が社は数十億ドルもの保険料を容易に手に入れることができたでしょう。ところが我々は利益を重視して保険料を変えませんでした。非常に楽観的だった我が社の競合他社とは張り合おうとしなかったのです。我々が顧客を離れたのではなく、顧客が我々を離れたのです」。

バフェットの言葉を補足すると、多くの保険会社は保険料を引き下げて規模の拡大に走った

図11-1　ナショナル・インデムニティ・インシュアランス

年	保険料（百万ドル）	年末の従業員数	保険料に対する営業費用の割合	保険料に対する保険引き受けで得た利益（損失）の割合
1980	79.6	372	32.3%	8.2%
1981	59.9	353	36.1%	(0.8%)
1982	52.5	323	36.7%	(15.3%)
1983	58.2	308	35.6%	(18.7%)
1984	62.2	342	35.5%	(17.0%)
1985	160.7	380	28.0%	1.9%
1986	366.2	403	25.9%	30.7%
1987	232.3	368	29.5%	27.3%
1988	139.9	347	31.7%	24.8%
1989	98.4	320	35.9%	14.8%
1990	87.8	289	37.4%	7.0%
1991	88.3	284	35.7%	13.0%
1992	82.7	277	37.9%	5.2%
1993	86.8	279	36.1%	11.3%
1994	85.9	263	34.6%	4.6%
1995	78.0	258	36.6%	9.2%
1996	74.0	243	36.5%	6.8%
1997	65.3	240	40.4%	6.2%
1998	56.8	231	40.4%	9.4%
1999	54.5	222	41.2%	4.5%
2000	68.1	230	38.4%	2.9%
2001	161.3	254	28.8%	(11.6%)
2002	343.5	313	24.0%	16.8%
2003	594.5	337	22.2%	18.1%
2004	605.6	340	22.5%	5.1%

結果、損失を出した。こうした会社の経営者の多くは、規模の縮小や市場シェアを取り逃がすことを嫌がったのだ。事業規模を拡大するために、従業員の数を高い水準で維持したがった。その結果、保険会社の利益は循環的になる。保険料の設定を間違えて損失を出した際、多くの保険会社は倒産するか、従業員をリストラせざるをえないが、その後再び保険料を上げる。そうすることで、新たな利益の上昇局面が始まるのだ。

もし愚かな保険料の引き下げに走った競合他社を追随するのをためらった結果、売り上げが落ち込んだとしても、強制的に人員を解雇する必要はないとバフェットは主張することで、NICOが経営の常識にとらわれないようにする後ろ盾となった。このやり方には短期的なコストがつきまとうものの、長期的な利益率を重視する企業文化の観点から会社にもたらされる利益は非常に大きい。NICOにおいて、保険引き受けの規律は非常に厳格だ。そうすることで保険引き受けビジネスでは毎年利益を出すか、小さな損失で済むため、フロートが犠牲になることはない。

利子負担のないフロートは増え続け、バフェットの投資手腕を活かしてそのフロートを運用する。この二つの組み合わせがバフェットの成功を語る上で非常に重要な要因となった。バフェットが述べているように、バークシャー・ハサウェイが手がけるビジネスの多くが保険業であることは決して偶然ではないのだ。

バフェットはNICOの買収を「大失敗」と評価

バフェットによると、NICOを買収したやり方は「私のキャリアの中で最も損失が大きかった」。バークシャー・ハサウェイの買収よりも深刻な大失敗だったというのだ。二〇一四年のBHの株主への手紙の中で述べているこの自分に対する非難には少し説明を加える必要がある。このロジックを理解する鍵は、バフェットがパートナーに対して最優先の責務を感じているということだ（非常に強くそう感じている）。彼の投資事業組合は百パーセント、パートナーの資金から成り立っている。もしBPLのために買った企業に価値があるのであれば、その利益は百パーセント、パートナーに帰属する。仮にNICOが非常にお買い得な銘柄だとする。もしバフェットが売り手に全株式を手放してもらい、BPLがそのすべてを買い取っていれば、パートナーはその買収がもたらす利益の百パーセントを得ることができる（もちろんそこからバフェットの報酬は差し引かれる）。

ところがここでバフェットは過ちを犯した。直接パートナーのためにNICOを買ったのではなく、バークシャー・ハサウェイに買わせてしまったのだ。一九六七年二月時点でパートナーはバークシャー・ハサウェイの株式を六十一パーセントしか保有していない。つまりNICOから生み出される価値（大きな価値だ）の残りの三十九パーセントは、パートナー以外の株主のものになる。

「どうして私はＢＰＬのためではなく、バークシャーのためにＮＩＣＯを買ったのでしょうか？　四十八年間、その質問の答えに頭を悩ませてきましたが、いまだに良い答えが思いつきません。単純に大きな過ちを犯したのです……非常に優れた企業（ＮＩＣＯ）を六十一パーセント保有していた悲惨な企業（バークシャー・ハサウェイ）に統合するやり方を選びました。その決断により、最終的には千億ドルもの利益がＢＰＬのパートナーから赤の他人の手に流れたのです(27)」。

ただ救われるのは、バフェットはその「赤の他人」（ほかのバークシャー・ハサウェイの株主）を大金持ちにした一方、彼のパートナーもきちんと大金持ちにしたということだ。そしてＮＩＣＯは世界一のサクセス・ストーリーを体現する会社に成長した。

学習ポイント

1. 投資家は優れた企業を買う前に、数年間観察する心構えを持つべきだ。まず企業を分析した上で、ウォッチリストに置いておこう。その上で、その企業の価値を頭の中で計算しておく。そうすれば買う機会が訪れたときに、規律を乱されることなく投資できる。もし買う機会が訪れなければ、安全性マージンのあるほかの投資先に資金を投入すればいい。

2. 保険会社は保険引き受けビジネスで利益を出せなかったり、多少の損失を出しても、フロートを投資に回すことで大金を稼ぐことができる。投資スキルに自信のある人はもっとフロートを手に入れるために、多くの保険会社を買収すればいい。まさにバフェットが行ったことだ。

3. 良いビジネスは何十年でも続ける。NICOの創業ビジネスは過去五十年間変わらず続けられ、規模を拡大してきた。これまで一度も売却の話が俎上に載せられたことはなかった。再保険ビジネス（保険会社に保険を提供する）

の驚くべき成功によって影が薄くなっているものの、今でも成長しているビジネスだ。

1966

[第12の投資]

ホクスチャイルド・コーン

Hochschild-Kohn

定量的要素だけでは十分ではない

▶投資先……ホクスチャイルド・コーン
▶投資時期…1966〜69年
▶取得価格…480万ドル
▶株数………発行済株式総数の80パーセント
▶売却価格…400万ドル
▶損失………80万ドル

一九六〇年代後半、三十代でバフェットはすでに億万長者だった。バフェットは長い間、自分が運用している投資事業組合（BPL）のリターンのうち六パーセントを上回る利益の二十五パーセントを運用報酬として受け取っていた。年率リターンの平均はおよそ三十パーセントで、運用資産は五千万ドルを上回っていたため、バフェットはパートナーに喜んでもらいつつ、毎年数百万ドルを稼ぐことができた。

BPLが過半数の株式、もしくは全株式を保有していた企業はバークシャー・ハサウェイだけではなかった。この時期、ホクスチャイルド・コーンも大きな投資先企業の一つだった。

ホクスチャイルド・コーン

一九六六年一月、投資銀行に勤めていた友人のデヴィッド・サンディー・ガッツマンがバフェットに経営難に苦しんでいたボルチモアにある百貨店の買収の話を持ちかけた。ホクスチャイルド・コーンは競争力がなく、経営を立て直すには巨額の投資が必要だった。コーン一家のメンバーが保有していた非上場の会社だったが、次の世代の家族のほとんどが経営にかかわる意欲がなく、配当の形で多くの収入を見込めないことも分かっていた。最高経営責任者（CEO）のマーティン・コーンはガッツマンに喜んで売却すると話し、割安な価格での売却も受け入れるという意向を持っていた。

バフェットは当初から、「二流の百貨店を三流の価格」で買うことになると分かっていた。ただ彼は貸借対照表の純資産の水準（時価総額より大きかった）と隠れた資産を気に入っていた。帳簿には載らない不動産の価値とLIFO（後入れ先出し法）による大きな棚卸資産のクッション（評価差額）があった。つまり、古い在庫が新しく仕入れた在庫の現在の価格ではなく、昔の価格のまま評価されていたのだ。

買収

ウォーレン・バフェットとチャーリー・マンガーはコーン一家に会い、彼らを気に入った。資産面での魅力を根拠に全株式を取得する提案をした。ルイス・コーンは会社を経営することに合意した。バフェットらはダイバーシファイド・リテイリング・カンパニーという新設した持ち株会社を通じて、一九六六年三月にホクスチャイルド・コーンを買収した。バフェットとマンガーが何を企んでいたのか、この新会社の名前がその手がかりとなる。彼らは小売りグループを立ち上げようとしていたのだ。ＢＰＬがダイバーシファイド・リテイリングの八割の株式を取得し、チャーリー・マンガーの投資事業組合であるホイーラー・マンガー・アンド・カンパニーが一割を取得、ガッツマンのファンドが残りの一割を取得した。ホクスチャイルド・コーンの価格は千二百万ドルで、資金の約半分は持ち株会社であるダイバーシファイド・リテイリングによる借り入れで賄った。

ホイーラー・マンガー・アンド・カンパニーはカリフォルニアにオフィスを構え、バフェットは経営にかかわっていない。ただ、マンガーとバフェットは毎日のように電話で話しており、多くの共通の投資先企業があった。ホイーラー・マンガー・アンド・カンパニーは一九六二～一九七五年まで存続し、その間の平均年率リターンはダウ平均株価の五パーセントを大きく上回る十九・八パーセントだった。

あらためて優秀な人材の重要性

一九六六年中間期のパートナーへの手紙の中で、バフェットはホクスチャイルド・コーンについて言及している。「(個人としても、事業家としても)一流の人々に事業の経営を任せています……これまでと同じように彼らが経営を続けます」。続く文章は、バフェットが経営者の才覚を非常に重視していることを強調する内容となっている。「取得価格がさらに安くても、経営者が月並みであれば、我々はこの会社を買わなかったでしょう」。

結果はどうなったか?

一九六七年夏、バフェットはホクスチャイルド・コーンの経営の改善状況について非常に満足していると述べている。同じ手紙の中で、バークシャー・ハサウェイについてはかなり落胆している様子が読み取れる。バークシャーの後の成功を考えると皮肉な内容の手紙だ。

一九六八年一月、バフェットはBPLが支配権を握っている企業の経営者と仕事できることを楽しんでおり、たとえBPLの年率リターンの目標値を引き下げることになっても、全株式もしくは過半数の株式を保有している企業への投資資金の大半を維持するつもりだと決意を述べている。

「十月九日の手紙の中でリターン目標の引き下げについて触れましたが（ダウ平均株価を十ポイント上回るから、年率九パーセント以下、もしくはダウ平均株価を五ポイント上回るに変更）、支配している企業の経営状況は満足できるものであり、目標を引き下げた大きな要因ではありません。自分が刺激的だと感じるビジネス（刺激的ではないビジネスなんてあるのでしょうか？）で好きな人とともに仕事ができ、全体的に使用資本利益率が十分高い水準（例えば、十〜十二パーセント）であるのに、リターンを数ポイント上乗せするために慌てて現状を変えるのは愚かな行為のように思えます。

まずまずのリターンを上げているにもかかわらず、より高いリターンを得る可能性があるからといって、優秀な人々との勝手知ったる良好な人間関係を捨て、いら立たしいことや腹立たしいこと、もしくはさらにひどいことすら起きる可能性のある状況に飛び込むのも私には賢明とは思えません(28)」。

バフェットは一般的にはこうした思いで投資先企業と接していたが、ホクスチャイルド・コーン（HK）については称賛すべき業績のリストからは外した。ナショナル・インデムニティとアソシエイテッド・コットン・ショップス（次章で扱う）はそのリストに入っているものの、BHの織物ビジネスとHKは外れているのだ。バフェットは儲からないビジネスにさらなる資金をつぎ込まないように、（悔やみながらも一店舗の開店を許可した後は）HKのさらなる新規出店の事業計画をすでに否認していた。

HKへの投資について、マンガーは次のように述べている。「我々はグレアムのエートスにあまりに影響され、投資額以上の資産を保有していればなんとか利益を出すことができると考えていました。ボルチモアの四つの百貨店の間の熾烈な競争を十分考慮に入れていなかったのです」(29)。

一九六八年に百貨店売上高が急落したことから、バフェットはホクスチャイルド・コーンの買い手を探し始め、買い手がいなければ会社を解散させるつもりだった。幸いなことに、スーパーマーケッツ・ジェネラルが興味を持ち、一九六九年十二月に五百四万五千二百五ドルで買ってくれた。支払いは現金と無利子の融資用約束手形だった。ダイバーシファイド・リテイリングは銀行口座に五百万ドルを受け取り、さらにスーパーマーケッツ・ジェネラルの債権者にもなったのだ。二百万ドルは一九七〇年初頭が支払い期限で、四百五十四万ドルは一九七一年初頭が支払い期限だった。これら約束手形の（一九六九年時点の）現在価値はおよそ六百万ドル程度で、実質的にはダイバーシファイド・リテイリングはホクスチャイルド・コーンの売却でおよそ千百万ドルを受け取った。現金はダイバーシファイド・リテイリングがそのまま保有した。ダイバーシファイド・リテイリングの抱える債務はおよそ六百万ドルで、スーパーマーケッツ・ジェネラルに対する債権額とほぼ同じだった。

ＢＰＬとチャーリー・マンガーのファンド、ガッツマンのファンドが出資したジョイントベンチャーはホクスチャイルド・コーンの買収で小さな損失を出した。小売業の問題は、経営者が常に競合他社からの攻勢にさらされているということだ。サービスの質を高めるような良いアイデアを思いついても、競合他社がすぐにそれをまねする。常にゲームの頂点に君臨し続けなければならない。競合他社が繰り出す絶え間ないイノベーションにも対抗する必要がある。

ほかの業界では経営者がしばらくの間、平凡なパフォーマンスしか出せなくても会社が倒産することはないが、小売企業の経営者は「毎日のように賢く」なければならないとバフェットは表現している。ワシントン・ポストやコカ・コーラ、ディズニーなどのブランド企業は一〜二年、経営者の出来が悪くても、フランチャイズ（顧客の心の中での位置付け）を概ね維持できるが、百貨店にはそうした猶予はない。もちろん、毎日のように賢く、毎年のように競合他社を打ち負かす極めて優秀な小売業者もいるものの、滅多にいるものではない。

このケースから何を学ぶべきか、バフェットの意見に耳を傾けよう。一九八九年のバークシャー・ハサウェイの株主への手紙の中では、バフェットは投資において重視する点を定量的要素（特に貸借対照表）から定性的要素にシフトさせることを考えている。そうしたことを考えたのは、ホクスチャイルド・コーンを買ってしまった過ちに触発された部分がある。(30)

「バークシャーを買ってすぐに、ボルチモアの百貨店ホクスチャイルド・コーンを買収しました……純資産と比べてかなり割安な価格で、社員は一流で、帳簿外の不動産の価値やLIFOに伴う大きな棚卸資産のクッションなど追加的な魅力もありました。損しようがないではありませんか？　ところが三年後、取得した額で売却できるだけで運がいいという状況に陥りました。ホクスチャイルド・コーンを手放した後、あるカントリー・ソングの中の夫のような思いを胸に抱えました。『妻は私の親友とどこかに行った。それでも彼がいなくてひどく寂しく思う』」。

この言葉から、バフェットが投資で成功するには定量的要素を見るだけでは十分ではないことに気付いたことが分かる。キャリアを重ねるに従い、彼は定性的要素をますます重視するようになった。

ホクスチャイルド・コーンの買収から学んだその他の教訓を以下に並べる。

学習ポイント

1. 普通の会社を非常に魅力的な価格で買うよりも、非常に魅力的な会社を普通の価格で買ったほうが何倍もいい。 一流の経営者が経営する一流の企業を探そう。

2. 優秀な騎手は優秀な馬に乗ると素晴らしい腕前を見せるが、怪我をしている馬の上ではそうはいかない。 バークシャーの織物ビジネスにしても、ホクスチャイルド・コーンにしても有能で誠実な人々が会社を経営していた。彼らも経済環境の良い会社で雇われていれば、立派な業績を上げただろう。ところが砂地獄のような環境で経営しても、状況を改善させることはできない。有能だと評判の経営者に経済環境が悪いと評判の会社を任せても、変わらないのは会社の評判の方だとバフェットは述べている。

3. 問題のあるビジネスは避けよう。 バフェットとマンガーは困難な経営問題をいかに解決すればいいかは今でも分からないが、いかにそうした問題を避けるかは学んできたとバフェットは語ったことがある。ビジネスにおいても投資においても、困難な問題を解決するよりも、簡単明瞭なことだけを愚直に手がけるほうが通常はより大きな利益をもたらす。ある優れた会社が、たった一つの大きいが解決可能な問題に直面しているとき、素晴らしい投資機会がもたらされることがある。これまでの章で見てきたアメリカン・エキスプレスやガイコがまさにそのケースだ。

4．ビジネスにおける目に見えない力である組織の本能の圧倒的な重要性。

バフェットはこれまで、「⑴ニュートンの運動の第三法則に支配されているかのように、組織は現在進んでいる方向を変えようとすると必ず抵抗する ⑵暇な時間を埋めるために仕事が増えていくように、遊休資本を使い切るために企業のプロジェクトや買収は実行される ⑶経営者がどうしてもやりたい事業はどんなに愚かなものであっても、彼の部下が用意した詳細な利益率や戦略研究によってすぐに支持される ⑷事業の拡大であれ、買収であれ、取締役の報酬であれ、競合他社の動きはあまりしっかりと熟慮されることなく模倣される」ことを見てきたと述べている。バフェットはこうした組織の本能の影響を最小限にするように、投資した会社の組織作りと管理に努めた。そのための一つの方法は自分が好きで、信頼し、敬服する人々が経営している会社に投資することだ。

5．バフェットは生まれながらの投資家でも生まれながらの事業家でもない。

彼は自分と他人の経験を通して世の中の仕組みを学んだ。それなりに高いレベルに達するまでに数十年の学習期間を要したが、それでも未だに間違いを犯す。生涯学習に対する興味は投資家には不可欠な資質だ。バフェットは訂正を素直に受け入れることで多くの優れた判断をすることができ、概して素晴らしい運用パフォーマンスを実現できたのだ。

1967

Associated Cotton Shops

［第13の投資］

アソシエイテッド・コットン・ショップス

熱心なコストカッターは素晴らしい

▶投資先……アソシエイテッド・コットン・ショップス
▶投資時期…1967年～現在
▶取得価格…定かではないが、600万ドルと言われている
▶株数………発行済株式総数の80パーセント
▶売却価格…1970年代にバークシャー・ハサウェイと合併したため定かではない
▶利益………大きいものの、個別には特定できない

一九六七年にはバフェットの投資事業組合（ＢＰＬ）の運用手法はかなりほかのファンドとは異なっていた。上場企業の少数株主になるというのが通常のやり方だが、ＢＰＬは経営の傾いた織物会社であるバークシャー・ハサウェイ（すぐに保険会社の子会社を傘下に収める）の株式の過半数を取得していた。さらに、パートナーの資金四百八十万ドル（およそ十パーセント）を投じて、ダイバーシファイド・リテイリングという新たな会社の株式の八十パーセントを取得し、バフェットがその新会社の最高経営責任者（ＣＥＯ）となった。同社は一九六六年、六百万ドルを借りて、百貨店ビジネスを

営むホクスチャイルド・コーンを買収した。

バフェットとダイバーシファイド・リテイリングの少数株主は一九六七年初頭、婦人服チェーンのアソシエイテッド・コットン・ショップスを買収し、その小売帝国を拡大することに合意した。

アソシエイテッド・コットン・ショップスの事業

アソシエイテッド・コットン・ショップスは一九三一年にベンジャミン・ロスナーが（一九六〇年代半ばに亡くなったレオ・サイモンと共に）創業した会社だ。創業資金はたったの三千二百ドルで、シカゴに一店舗あるだけだった。その三十六年後には、年間売上高四千四百万ドル、店舗数八十店まで事業を拡大した。インナー・シティに店舗を設けており、その多くの地域でかなり治安は悪かった（店員は常に万引きに神経をとがらせていた）。ロスナーは一九六七年当時は六十三歳で、ケチとワーカホリック（バフェットが大いに称賛した性格だ）で知られていた。彼は素晴らしい逸話の持ち主で、バフェットはその話を好んで口にした。彼がいつも仕事のことを考え、（バフェットのように）人とは違う考え方をすることに対してバフェットは敬意を抱いており、そのことがよく分かるエピソードだ。

ロスナーが準礼装で出席するあるディナーに参加したときのこと。彼はほかの経営者とお互いのビジネスに関する細かい話に夢中になっていた。ロスナーは自分がトイレットペーパーを最安値で買っているのかをどうしても知りたかった。ご存じのように、上品なディナーの席での標準的な会話の内容だ。その経営者はロスナーよりも高い値段でトイレットペーパーを購入していることを明らかにした。そのときロスナーが感じたのは喜びではなく、不安だった。サプライヤーは少し量の少ないトイレットペーパーを送りながら、同じ量だというふりをして自分をだましているのかもしれない。彼はすぐにディナーの席を離れ、自分の会社の倉庫に直行し、トイレットペーパーのシートの枚数を数えながら残りの夜の時間を過ごした。予想した通り、普通よりもシートの枚数が少なかったことが分かったのだ！

買収

バフェットとロスナーが買収について話し合いを始めたとき、ロスナーはいくつかの店舗を案内しようかとバフェットに提案した。そうすることで、買収を検討している会社がどういった会社かが分かるからだ。バフェットはその提案をあっさりと断った。小売業の細かい中身は彼の専門外の分野だからだ。最近の財務状況であれば確実に彼も理解できる。そのため、バフェットは電話で過去五年間の貸借対照表の数字を読み上げてほしいとロスナーにお願いした。チャーリー・マンガーも同席した話し合いの場では、ロスナーは落ち着きのない様子で、早急な買収契約の締結を求めてきた。話し合いを始めてからおよそ一時間半後、彼はバフェットに次のように言ったのだ。「君は欧米諸国の中で最も札を引くのが早い人物だと聞いている！とっとと札を引いてくれ！」。バフェットはそれほど長く決断を先延ばしにするつもりはない、午後には決断すると答えた。部屋にいた全員がいつ答えが出るか分かった瞬間だった。アソシエイテッド・コットン・ショップスの買収でバフェットがいくら払ったのかは明らかではないが、いくつかの情報源によると六百万ドルという数字が挙げられている。

買収の後

ロスナーが会社を売却したのはリタイアしたかったからだが、バフェットは引き継ぎを手伝ってもらうため会社に残ってほしいとお願いした。バフェットは最初から、ロスナーが辞められないことが分かっていた。驚くべきことに、ロスナーはそれから二十年間も会社に残ることになった。なぜ二十年間も残ったのか、彼は後に友人であるバフェットに次のように語っている。「君はこの会社を買ったことを忘れ、私はこの会社を売ったことを忘れたんだ」。バフェットの不干渉の経営スタイルに対するこれ以上の褒め言葉はないだろう。経営者がそうしたやり方で成功したからこそ出た褒め言葉と言える。

ロスナーの経営は非常に満足のいくものだった。バフェットは一九六八年一月にパートナーに次のような手紙を書いている。買収は「この上ないほど満足のいくものでした。すべては周囲から聞かされていた通り、もしくはそれ以上でした。販売担当の筆頭役員であるベンジャミン・ロスナーは……引き続き素晴らしい仕事をしてくれています」。その六カ月後にはパートナーに次のように手紙で書いている。ベンジャミン・ロスナーは「相変わらず努力と能力を活かして、結果を出しています」。バフェットは一九六八年、アソシエイテッド・コットン・ショップスの使用資本利益率をおよそ二十パーセントまで改善させた(31)。

一九六九年にはアソシエイテッド・リテイル・ストアーズに社名を変え、バフェットは会社の成長を非常に喜んでいた。

「アソシエイテッド・リテイル・ストアーズの純資産はおよそ七百五十万ドルです。財務状況はしっかりしており営業利益率も高く、近年は売上高も利益も伸びている非常に素晴らしい会社です。昨年、売上高はおよそ三千七百五十万ドル、最終利益はおよそ百万ドルでした。今年は売上高と利益が過去最高を更新し、私の予想では税引き後利益が百十万ドルくらいになると見ています(32)」。

これで分かると思うが、小売業界で成功するのは非常に難しいが、高い使用資本利益率を叩き出すことができる特別な才能を持つ人々もいる。彼らは毎年のように素晴らしい業績を残す。それから数十年、バフェットは多くの偉大な小売業界の人たちと順調に友情を育んできた。例えば、ネブラスカ・ファニチャー・マートのブラムキン一家やボーシャイムズのフリードマン一家、ＲＣウィリーのビル・チャイルドなどが挙げられる。

learning Point

学習ポイント

1. 自分の得意分野。我々は誰しも得意分野を持っているが、中にはその範囲を過信する人たちがいる。バフェット（とマンガー）は自分たちの得意分野をかなり限定している。つまり、与えられたデータから結論を出すには力量が欠けている分野がたくさんあることを率直に認めているのだ。例えば、彼らは決してハイテク企業を買わない。十年後に会社がどうなっているのか分からないからだ。実際、彼らはほとんどの産業は自分たちの得意分野ではないと見ている。こうした分野の投資案件は単純に分析できないのだ。

2. 熱心なコストカッターと共に働くのは素晴らしい。ベン・ロスナーは自分の会社を隅々まで理解しており、業務からあらゆる無駄を取り除く方法を日々探すことが習慣となっている。こうした日々の努力の結果、非常に高い使用資本利益率が達成されるのだ。

3. 人々は金銭的な報酬と同じくらい敬意を大事にする。ベン・ロスナーは会社を売却した後、リタイア後の生活を賄うのにあり余る財産を持っていた。ところが彼は説得されて働き続けた。彼はバフェットとの間にあるお互いに対する敬意や信頼を大事にしたのだ。バフェットはロスナーに仕事における裁量を与え、称賛を惜しまず、彼がバフェットのパートナーの利益に反するようなことはしないと絶対的に信頼していた。お互いに対する敬意や信頼は、こうした態度から明確に読み取ることができる。

[第14の投資]

人間関係への投資

Human Relations

お金を稼ぐことが一番ではない。人間関係が重要なのだ

株式市場は時に、息もつかせぬような興奮のるつぼと化した賭博の舞台となる。そうした状況は数年の周期でやってくるようだ。その周期が来るたびに市場は暴落し、犠牲者を生み、株式市場の歴史にほとんど注意を払わない人々は啓示的な教訓を学ぶ。賢明な投資家はそうした状況を見て決意を改める。熱狂に身を投じるのではなく、群衆の熱狂から利益を得るポジションを取ることを忘れてはならないと。

株式市場は一九五〇年代に急騰した後、一九六〇年代に入っても上昇が続いた。ところが市場の興奮から目が覚めると二日酔いにうなされ、多くの企業は倒産し、多くの投機家が大金を失った。一九六七

年から一九六九年にかけて、バフェットはどのように現状分析し、どのような行動をとったのだろうか?

これから見ていくように、バフェットはその時期、株式市場について、そしてどのように株式を評価するかについていろいろなことを考えた。企業の経営者たちとプライベートでどのような関係を築きたいのかについても思いを巡らせた。本章はある特定の投資案件ではなく、彼のキャリアにおいて困難だった時期を取り上げる。彼が大きく難しい決断をしなければならなかった時期だ。この時期に彼の投資スタイルは進化したのだが、この章ではその進化の過程を垣間見ることができる。

いけいけの年

世界恐慌から二十年間、株式市場についてほぼ誰もが口にした言葉は「株には手を出すな。危険で本質的には投機だ」。こうした見方が蔓延したことで、一九五〇年代初頭まで株価は低迷し、その当時、市場には多くの割安株が放置されていた。その後、景気の改善を受けて利益と配当が増加してきたことが分かると、株価も上昇に転じた。

人々のムードは一変し、多くの人が株式は保有した方がいいものだと感じ始めた。**私の友人が数年で投資資金を二倍にした。彼は株式投資が好きなんだ。私も参加しよう。**戦後の繁栄と株価上昇を経験した新たな世代の誕生だ。一九二九年などもはやはるか昔の話。ダウ平均株価は一九五〇年代に二百ドルから六百ドルまで三倍となり、一九六〇年から一九六六年にかけてさらに三分の二上昇した。

一九五〇年、平均的な株式は前期の一株当たり利益のたった七・二倍（つまりPERが七・二倍）で売られていた。PERは株式の割安感や割高感を測る一般的な指標だ。一九五六年にはPERは十二・一倍だった。まだ適度に安い水準で、個人所有者の立場で評価した本来の企業価値と比較して割安な企業をたくさん見つけることができた。ところが一九六〇年代、PERの平均は概ね十五〜二十一倍のレンジまで上昇した。ここまで水準が上がると割安株を探すのは以前より困難になったが、不可能ではなかった。

次々に事業領域を拡げるコングロマリットや電子・化学業界の明日の企業（ダスティン・ホフマンは一九六七年の『卒業』において「明日の産業」についてアドバイスを受けていた）に投資家が群がる中、バフェットはBPLの資金を投じるべき割安株をほとんど見つけられず、ますます大きな不安を抱えた。株式市場がユーフォリア（陶酔的熱狂）の中で上昇する一方、彼の投資アイデアは枯渇していた。

まず一九六六年初頭にバフェットがやったことは、新規の投資家の受け入れを停止することだった。彼は次のように語っている。「運用資産の規模をこれ以上かなり大きくすると、良い結果よりも悪い結果をもたらす可能性の方が高いと感じています。私個人の報酬には当てはまらないかもしれませんが、あなた〔注：パートナー〕のリターンにはおそらく当てはまると思います[33]」。

バフェットは普通のファンドマネジャーと違うのか？

多くのほかのファンドマネジャーとの違いに注目してほしい。上昇相場はファンドマネジャーにとって手数料収入を大きく増やす絶好の機会だ。誰もが株式市場に参加したいと思っているからだ。ファンドマネジャーは運用資産の額に対して〇・五～一パーセントの手数料を取るため、彼らには運用資産を増やそうとするインセンティブが働く。

ところがバフェットが考案したインセンティブの仕組みは異なる。まず第一に、彼は礼節を重んじ、道義心が強い。それは生まれつきの性格によるものだ。そして純粋にパートナーに対して最善を尽くす努力をする。パートナーの多くは親しい友人や親族だ。第二に、バフェットは通常とは異なる独特の手数料体系を採用している。年率リターンが六パーセントを上回らない限り、報酬は全く受け取らない。単に運用資産を増やすために潜在的に割高だと思える株式を買い続けても、バフェットにとっては金銭的なメリットがないのだ。

一九六七年の困惑

一九六七年初頭にはバフェットの投資アイデア（彼が実際に買ってもいいと思える企業）はほぼ枯渇していた。彼は市場の動向にフラストレーションを抱え、困惑さえしていた。マーケットは狂乱の時代に突入し、適正な水準か割高な企業ばかりになった。そうした投資環境の中では、どうすれば投機ではなく投資ができるのだろうか？

バフェットはこの質問に対する答えを、長い間、懸命に考えた。群衆と一緒になって、短期売買をしたり、過去の業績による裏付けはないが、面白い明日の企業を買うべきなのか？ これらに加えて、バフェットがすでにお金持ち（およそ千万ドルもの資産）になっていたということも一つの大きな要因だった。そろそろ家族との生活など、何かほかのことに時間と労力を注ぐ時期ではないだろうか？

バフェットが理解できないこと

バフェットは一九六〇年代後半、株式市場が異常な動きをすることに非常に歯がゆい思いをしたため、市場が時に異常で不合理であることをパートナーに理解してもらいたかった。短期的なマーケットの動き、つまり数カ月や数年の変動を予想することはできない。バフェットは一九六六年七月のパートナーへの手紙の中で、彼の「仕事は株式市場全体の動きや景気循環を予想することではありません」と繰り返し、そうしたことが可能だと思っている投資家は、彼の投資事業組合に投資すべきではないと述べている。

バフェットは他人の株式市場の見通しを参考にして株を売買したことはない。その会社は将来こうなると自分が思ったことだけに集中すればいいと、彼は手紙の中で改めて強く訴えている。「我々の正しさが明らかになる時期は株式市場の推移に大きく左右されますが、我々が正しいのかどうかは我々の企業分析の精度に大きく左右されます。つまり、我々はどちらかと言えば、何かが起きるタイミングではなく、何がこれから起きるのかに意識を集中します[34]」。

バフェットは数カ月後の一九六七年一月の手紙の中で、投資事業組合を設立してから十年間、平均年率リターンは二十九・八パーセントと再現不可能とも言えるリターンを実現したが、それは非常に特別な期間だったことをパートナーに納得してもらおうと努めた。次の十年間では、その成績を再現するのは言うまでもなく、ほんのわずかでも近い成績を残す「可能性も全くない」とバフェットは述べている。運用成績が悪化するのはアイデアが不足しているからであり、彼にできることは「手元にある限られたアイデアをもっと最大限活用する」よう努めることだけだ[35]。いくら最大限活用しても、「新しいアイデアが湧き出るよりは、最後に残ったアイデアが完全に枯渇する可能性の方がかなり高い」という強い危機感があった。[36]

バフェットは当時、二つの要素が欠けていると感じていた。

彼はもはや「十万五千百ドルという元入資本を運用するハングリーな二十五歳ではなかった」[37]。彼は五千四百六万五千三百四十五ドルという大きな資金の運用に苦労する「やや太った」三十六歳になっていた。運用成績を良くするには大きな資金を投資せねばならず、投資可能な企業の数は非常に少なくなる。浮動株（創業者や取締役など会社と関係の近い株主以外の投資家が保有する株式）の数が十分に多い企業はそれほど多くないからだ。

当時の株式市場の環境は、彼の投資哲学をうまく実践する上で適した環境ではなかった。一九五六年当時と比べると、彼の投資哲学を応用することで生まれる本当に優れた投資アイデアの数は五分の一から十分の一しかなかった。ＢＰＬを設立した当初の市場環境は、企業の資産や利益の額に比べて株価が全体的にかなり割安で、個人所有者という立場で見た価値を大きく下回る価格で売られている企業であふれていた。十五〜二十五社の企業が投資基準を満たし、バフェットが「すべての保有株の将来性に熱狂する」[38]こともあった。ところが一九六七年にマーケットを調査しても、理解できる企業すらほとんど見つけることができなかった。

市場環境があまりに悪化していたため、一九六四〜一九六六年にかけて発掘できた「優れたパフォーマンスが期待できる」株式は年間わずか二〜三社しかなかったとバフェットは明らかにしている。

ではどうするか？

バフェットは（企業を分析する、安全性マージン、適度なリターンを目指す、ミスター・マーケットを利用するという）自身の哲学の根幹を変えることは決してなかった。また自分の得意分野、つまり彼が「理解できる分野」以外の企業に手を出そうともしなかった。すなわち、彼は一九六〇年代後半に投資家の間ではやった企業に投資することはなかった。

彼には「自分には全く分からない[39]」テクノロジー株を買うという発想はなかったのだ。

彼はまた、当時人気だった株式投資の考え方も受け入れなかった。「企業の評価よりも市場の動きを予想しようとすることが重要だ[40]」という考え方だ。個人投資家の一部がこの妙技をうまく生かして、短期間で儲けたことを伝える記事がちまたにあふれていたが、バフェットは意に介さなかった。彼は次のように語っている。「そうした投資手法は、私が理にかなっているかどうか断定も否定もできない投資テクニックの典型的なものです。私の知性（もしくは私の偏見かもしれない）を完全に納得させるやり方ではなく、私の気質には合わないということは間違いありません[41]」。

最後に、彼は「投資においては、いくら極めて高いリターンが見込めたとしても、非常に難しい対人関係の問題に発展する可能性が高い行為は慎むよう努めました」(42)。市民から厳しい批判を浴びることになったデンプスター・ミルでの解雇。そしてバークシャー・ハサウェイの織物事業で従業員に対して下した厳しい決断。こうした経験を経て、バフェットはリストラの必要性がある会社における労使間の緊迫した関係や争いを想像しただけで耐えきれない思いになった。

短期間でのパフォーマンス評価は見当はずれ

株式市場や個別銘柄の短期予測に対する信仰が強まるにつれ、一九六〇年代後半には投資家としての成功と失敗も短期間で判断する傾向が強まった。ほかのファンドマネジャーと同じように、バフェット自身もいずれ短期の目標に対して責任を持つよう投資家から要求されるようになるかもしれない。その可能性を考えるだけで気が重くなった。一九六七年十月のパートナーへの手紙で、バフェットは次のように述べている。

「私はこれまで何年も評価基準の重要性について説いてきました。私は一貫してパートナーに対して、我々のパフォーマンスが市場平均を下回れば、資産をほかの人に預けるべきだと伝えてきました。最近では投資の世界で(より重要なのは、投資をしている人々の間で)、次のような考え方がますます幅を利かせています。特にここ数年は、津波のような勢いで広がっているように見え始めました。我々は今、健全な考え方が歪められているのを目の当たりにしているのです。我々が「うまくやっている」かどうかを判断するには、最低でも三年という期間が必要だと考えているとパートナーにはこれまで何度も忠告してきました。一般投資家のタガが外れるにつれて、リターンを求める期間が一貫して短くなってきています。ほとんどの資産の運用パフォーマンスが一年、1四半期、一カ月、さらに短い期間で測られるという段階まで来ているのです……高い成功報酬を得るためだけではなく、次の勝負に向けて新たな資金を集めるためにも、短期間で優れたパフォーマンスを上げることで得られる見返りが大きくなりました。ますます多くの資金がますます短い期間で集まるという自己増殖的な運動が始まったのです。そうした動きが加速するにつれて、必然的に乗り込む車（特定の企業や株式）が何であるかは次第に重要ではなくなる（ほとんど付随的なものにすらなりうる）という恐ろしい事態が生じているのです」。

定性的要素へ重点をシフト

キャリアの初期の段階では、バフェットはベンジャミン・グレアムの思想に大きく影響を受けていた。グレアムは貸借対照表の純資産、中でも特に正味流動資産を重視した上で、収益力に加えて企業の将来性、経営者の資質、事業の安定性などの定性的要素も一部考慮していた。安全性マージンという観点から、財務基盤の強さを最も重視していたのだ。

バフェットは最初は試験的に、徐々により大胆にほかのアプローチも試したいと思うようになった。ディズニーやアメリカン・エキスプレス、そのほかいろいろな企業への投資で成功したことで、基本的に純資産の多寡を無視して、非常に優れた定性的特徴を持つ企業に多くの資金を投じたいと思うようになったのだ。

ただ、グレアムの手法をいっさいかなぐり捨てて、新たなアプローチがすべてを代替するということではない。グレアムの思想、そしてフィリップ・フィッシャーとチャーリー・マンガー、三十代のバフェットの三人の考えを合わせた思想、その両方に基づいてポートフォリオを運用することも可能だった。一九六七年十月にバフェットがパートナーに送った手紙の次の部分に分かりやすく書かれている。

「投資目的で有価証券や企業を評価するには、常に定性的要素と定量的要素の両方の評価が必要になります……興味深いことに、私は自分が主に定量学派に属すると考えていましたが、ここ数年思いついた本当に素晴らしい投資アイデアは、自信を持って見抜くことができた定性的側面をかなり重視したものです。本当に高いリターンを生み出すのはこうした投資なのです。ただ、ひらめきが通常そうであるように、そうした投資アイデアもめったに思いつきません。もちろん、定量的側面を見る上で洞察力は必要ではありません。数字は野球のバットであなたの頭を叩いてくれます。つまり、大金を稼ぐのは定性的要素を正しく判断できる投資家ですが、少なくとも私の意見では、より堅実なリターンは分かりやすい定量的要素の判断からもたらされるのです(43)」。

言うまでもないが、バフェットが古きを捨て、新しきにつこうと言っているわけではない。ベンジャミン・グレアムの手法の妥当性は今でも変わらない。ただ、一九五〇年代は株価がかなり低迷し、PERが一桁台で、純資産や純流動資産が時価総額を上回る銘柄がたくさんあったため、貸借対照表上の割安株を掘り当てるのに特に適した時代だったことを認識しておくべきだ。株式市場全体が割高な時代には、この種の投資アプローチは機能しなくなる。一九六〇年代後半には、定量面での割安株はなくなりかけていた。

バフェットとマンガーは現在でも、運用資産の規模が小さいのであれば定量面での割安株を拾うことが高いリターンを得るための優れた手法であるという考えを否定していない。ただ運用資産の規模が数十億ドルまで大きくなると、十分な数の割安株を見つけることはできないというだけだ。

BPLの仕事から距離を置く

バフェットは一九六七年、マーケットでほかの投資家が採用していた新たな時代の投資アプローチと割安株のあまりの少なさに嫌気がさし、その年の秋の手紙の中で次のような文章をしたためた。その内容はパートナーにとっては青天の霹靂だった。

「ゲームのやり方が自分のやり方ではなくなってしまったとき、新たなやり方はすべて間違っており、きっとトラブルにつながるなどと言ってしまうのが人間というものでしょう。私はこれまで他人がそうした態度をとるとき、軽蔑の思いを抱いたものでした。また今の価値観ではなく、過去の価値観に従って状況を判断する人々が、どういった報いを受けるのかを目の当たりにしてきました。本質的に、私は今の状況には合わない人間です。ただ一点だけはっきりしていることがあります。自分が十分に理解しておらず、これまで成功させたことがなく、二度と挽回することができないような巨額の運用損失につながる可能性のあるアプローチを採用することで、楽に手に入りそうな大きな利益に先んずることができるかもしれませんが、私は自分がその理屈を理解している以前のアプローチをやめるつもりはないということです（今の状況では応用するのが難しいと感じていますが）[44]」。

個人的モチベーション

バフェットはもはや身を粉にするような働き方を続けたくないということに気付いた。彼は強迫観念に襲われているかのようだった。家族をないがしろにし、四六時中働くことをいとわなかった。彼は八百万〜千万ドルの資産を築けば、仕事の量を減らすと妻と約束していた。その目標の資産額に到達していたのだ。彼は次のように書いている。

「私を取り巻く環境は変化しており、そろそろトレッドミルの速度を下げた方が賢明なようです。生活の中のあらゆる活動、特に仕事において、もはや続ける意味がないにもかかわらず、自分の日々の習慣をそれまで通り変えない（むしろ月日の経過でよりかたくなになる）人をこれまでたくさん見てきました……簡単な自己分析によると、私は資産を預けてくれた人々に公言した目標を達成するためには、手を抜いて努力するということができない性分のようです。死力を尽くして努力する意味がますますなくなっているのです(48)」。

お金以外のことを追い求めるという意味でも、自分が手がける投資スタイルの面でも、バフェットはもっと楽しく生きたかった。投機熱にかかっているマーケットで無駄な努力をするよりも、自分が支配権を持つ企業だけに集中することで、仕事の量を減らしたかった。たとえ投資リターンが下がることになっても、自分が好きで、信頼し、敬意を抱く人々が経営している企業での仕事に集中したかったのだ。彼はひたすら投資リターンを追求するよりも、自分のやっていることを楽しむことを好んだ。

「適度に簡単で、安全で、利益になり、好ましい仕事だけをやることになると思います。これまでよりも運用が保守的になるということではありません。多少ひいき目にはなりますが、私たちはこれまでもかなり保守的な運用をしてきたと思っています。長期的にダウンサイドリスクが少なくなることはないでしょうが、ただアップサイドの可能性が少なくなるだけです[46]」。

この文章を読んだ多くのパートナーが手紙で示唆された運用パフォーマンスの目標の引き下げを喜んで受け入れることはなく、新たな資産の預け先を探すことになることをバフェットは理解していた。「ほかに魅力的な投資機会のあるパートナーは合理的に考え、資金をほかの投資家に任せた方がいいと判断するかもしれません。私はそうした決断に心から共感いたします。そう思っていただいて間違いありません[47]」。

この言葉を聞いて、多くのパートナーはＢＰＬから資金を引き揚げ、もっと刺激的な将来を約束するファンドマネジャーのもとに移った（一九六七年十月〜十二月にかけて百六十万ドルに上った）。バフェットはパートナーが彼のもとから去ってくれたことを喜んだ。「私が現状ではおそらく達成できない成果を強く求められる」[48]ことから解放されたからだ。

それでもバフェットは市場をアウトパフォームする

皮肉なことだが、バフェットが株式市場に辟易していたこの時期、ＢＰＬは素晴らしいリターンを叩き出す。一九六七年のダウ平均株価の上昇率は十九パーセントだったのに対し、ＢＰＬの年率リターンは三十五・九パーセントに上った。バフェットが受け取った報酬を差し引くと、パートナーが得たリターンは二十八・四パーセントだった。つまり六千八百十万八千八十八ドルの純資産に対して、年間の利益は千九百三十八万四千二百五十ドルに上ったのだ。バフェットはこれだけの大金があれば「ペプシをたくさん買える」と皮肉を述べている。バフェットは当時、ペプシの愛飲家だったが、コカ・コーラの株式を買ってからはコカ・コーラ派に変わった。

そうした高いリターンを達成しながらも、バフェットはそれらの利益は不自然な産物だと見抜いていた。株式トレーダーの懐を肥やす「投機的キャンディー」によって上昇はもたらされたとバフェットは表現している。彼自身はグレアムの原則に従って「オートミール」だけを口にすることにこだわり、非常に禁欲的だったが、こうした動きがすべて「消化不良」と「不快感」に終わることが分かっていた[49]。

一九六四～六七年にかけて大きく成長し、最終的にはポートフォリオの四割を占めることになるある銘柄がＢＰＬのリターンの大半を占めていたとバフェットは指摘している。彼はその社名を明かしていないが、もちろん我々はその銘柄がアメリカン・エキスプレスであることを知っている。同社の株価はその期間に三十八ドルから百八十ドルに上昇した。千三百万ドルの投資で二千万ドル以上の利益をＢＰＬにもたらしたのだ。

そうした大きな利益を得るのは素晴らしいことだが、際立って優れた上昇銘柄にたまたま投資できたとしても、それは将来のリターンを予測する際には確かな根拠にはならない。株式市場の歴史を知っていれば、そのことはお分かりだろう。大切なことは多くの投資機会を持つことだが、当時はそうした投資機会が豊富ではなかった。市場は干上がっていたのだ。

ＢＰＬの解散？

ＢＰＬの経営をやめるのか？　バフェットはこの疑問に向き合わざるを得ない状況だった。多くのパートナーが彼の一九六七年十月の手紙を読み、段階的に解散に向かう兆しととらえたことは理解できる。ところが一九六八年一月、バフェットはその疑問に対する答えは「きっぱりノーです」と述べた。「パートナーが資産の運用を私に任せたいと思い、仕事をするのが楽しい限り（今より楽しくなることはありません）、テニスシューズを履いていた時代から私を支持してくれた人々と一緒に仕事を続けるつもりです」と語ったのだ[50]。

解決

一九六八年一月には、バフェットは仕事と生活の間でうまく折り合いをつける方法を見つけ出したと考えた。それまでのような過度なストレスや強迫観念がなく、彼が保有する企業の経営者や家族とはより親密に付き合いながら仕事を続けられるやり方だと思った。彼は慈善活動、特に公民権運動に力を貸すことにも同意したのだ。ところが新たに興味のあることを始めたものの、そうした生活がしっくりこないと彼が気付くのにそれほど時間はかからなかった。その後の彼の投資家としての物語を、次章から見ていくことにする。

learning Point

学習ポイント

1. マーケットは時に理性を失う時期がある。

2. 良い時期も悪い時期も、健全な投資原則を曲げてはならない。

3. 人生はお金を稼ぐことがすべてではなく、一番大事なことでもない。人間関係が重要なのだ。

4. 手数料が運用成績に左右されない場合、ファンドマネジャーが課している高額の手数料を勘案すると、アクティブ運用をする（株式市場をアウトパフォームするために銘柄選択している）ファンドマネジャーのほとんどは市場をアウトパフォームしない。

1969

[第15の投資]

Illinois National Bank and Trust

イリノイ・ナショナル・バンク・アンド・トラスト

傑出した会社に適正価格で投資せよ

▶投資先……イリノイ・ナショナル・バンク・アンド・トラスト
▶投資時期…1969~80年
▶取得価格…およそ1550万ドル
▶株数………発行済株式総数の97・7パーセント
▶売却価格…1750万ドル、さらに11年間の配当総額が推定3千万ドル以上
▶利益………3200万ドル以上（200パーセント以上）

一九六八~六九年にかけての強気相場の期間、バフェットは少数株主になることには慎重だったかもしれないが、組織が優れている企業の株式の過半数を取得することには乗り気だった。ナショナル・インデムニティとアソシエイテッド・コットン・ショップスの買収において、非常に満足のいく結果を残していたからだ。この二社は親会社であるバークシャー・ハサウェイの資金源となっている。バークシャーの傘下企業を増やすためにその資金を使ったらいいのではないか？

儲かっている小さな銀行

一九三一年、ユジーン・アベッグはイリノイ州ロックフォードに銀行を設立した。彼はまだ若く、資本金はわずか二十五万ドルだった。その銀行をイリノイ・ナショナル・バンク・アンド・トラスト・カンパニーと名付けたが、多くの人はその都市の名前からロックフォード・バンクと呼んだ。預金額は四十万ドルで、設立以降、出資者による新たな資本金の追加はいっさい行われなかった。それでもアベッグは徐々に企業の規模を拡大し、一九六九年には純資産千七百万ドル、預金額一億ドルの銀行に育てた。年間利益はおよそ二百万ドルで、使用株主資本利益率は満足のいく水準だった。バークシャー・ハサウェイの社長、ケン・チェイスは預金額や総資産に対する割合で考えると、利益水準は「規模で上回る国内の商業銀行のトップに近い水準」と表現した[51]。

純資産と負債、両方に対する利益率が高かった（一億ドルの預金に対して二パーセントの利益、つまり千七百万ドルの株主資本に対して二百万ドル（十一・八パーセント）の利益）だけではなく、経営が保守的だった。資本構成や流動性、貸出方針の面でほとんどリスクを取っていないにもかかわらず、高い利益率を上げていたのだ。

銀行業において、金融市場から多額の資金を調達し、リスクの高い顧客に貸し出すことで、しばらくの間、見かけの数字を良く見せることは難しくない。すべてはうまくいっているように見えても、それは幸運が尽きるまでの話だ。そうしたやり方とは対照的に、ロックフォード・バンクはめったに資本市場や短期金融市場から資金を調達することはなく、流動性も比較的高い水準を維持することを方針としていた。つまり、すぐに現金に換えられる資産を積み立て（過度な額の資金を長期に貸し出すのではなく）、短期資金が手に入りやすい状況にしておくということだ。

融資においても保守的で、貸し倒れは業界の平均を大きく下回っていた。さらに、預金の半分以上は定期預金で、顧客の預金を長く口座にとどめておくことができた。そうすることでリスクは低下する一方、預金金利が高くなるため利益も減ることになる。こうした安全第一の方針を考えると、同行がそれほど高い資本利益率を叩き出すのは驚くべきことだと言える。バフェットは非常に優れた経営がもたらしている成果だと考えたのだ。

買収

同行の株式の四分の一を保有していたアベッグは、バフェットの前にほかのある人物と売却交渉を進めていた。ところが、その人物は取引について批判を始め、監査を求めた。アベッグは気を悪くし、交渉から降りることに決めた。その間にバフェットはいくらなら払えるのかを考えたのだが、その額はもう一人の買い手が提示した額よりもおよそ百万ドル低かった。アベッグはそのもう一人の買い手には嫌気がさしていたため、ほかの仲間の株主にバフェットのオファーを受け入れなければ社長職を辞任すると脅して、承諾を強く求めた。バークシャー・ハサウェイは一九六九年、同行の株式の九十七・七パーセントを取得した。内情に詳しいロバート・P・マイルズによると、買収価格は千五百五十万ドルだった。その数字が正しいと仮定すると、バフェットは使用株主資本利益率が一貫して高いロックフォード最大の銀行に対して、年間利益の七倍の額しか払っていないことになる。もっと意外なことに、ユジーン・アベッグは純資産価値よりも低い価格で同行を売却したのだ。

非常に珍しいことだが、バフェットは千万ドルを借りて、その一部を買収資金に当てることに決めた。後に彼は次のように述べている。「その後三十年間、我々は銀行からほとんど融資を受けることはありませんでした（借金はバークシャー周辺では禁句でした）[52]」。

イリノイ・ナショナル・バンクでの至福の経験

すでにご存じの通り、バフェットは優れた経営者は手放さずに経営を続けてもらうことを好む。彼は非常に早い段階でアベッグの卓越した才能を見抜いていた。株主のリスクを抑えながらいかにして利益を絞り出すか。アベッグは銀行を経営してきた三十九年の間、そのやり方に熟知していることを幾度となく証明してきた。彼はすでに七十一歳だったが、バフェットはそのまま経営者としてとどまってもらうことに決めた。アベッグも働き続ける意欲を持っており、とどまってもらうことはそれほど難しいことではなかった。

バフェットは片腕となる人物を仲間に引き入れると、いつものように経営には深く介入しないスタイルで、アベッグ一人に会社経営を任せた。アベッグに対するバフェットの次の称賛の言葉を読めば、バフェットの信頼は裏切られなかったことが分かる。

「我々の経験によると、これまで何度も費用のかかる事業運営をしてきた経営者は、製造間接費をさらに増やす新たなやり方を思いつくのに非常に長けています。一方で、これまで費用を抑えて経営してきた経営者は通常、すでに競合他社を大きく下回る費用で抑えていても、さらに費用を削減する新たな手法を次々と考え出してくれます。ジーン・アベッグほどこの後者の経営手腕を証明してきた人物はほかにはいません(53)」。

驚くべきことに、同行は買収から五年半の間で、バークシャー・ハサウェイに二千万ドルもの配当金を支払った。買収価格を上回る金額だ。さらに、同行のフランチャイズの持つ価値はますます大きくなった。

どのような形で保有したいか？

一九七一年、イリノイ・ナショナル・バンクは平均預金額に対して税引き後で二パーセント以上の利益を上げた。アベッグは経営のアクセルを緩めず、さらなる合理化に取り組み、翌年にはその数字が二・二パーセントまで上昇した。同行は急速に事業規模を拡大しており、その年に融資額を三十八パーセント増やしたのだ。

さらに翌年も記録を更新し、平均預金額は一億三千万ドルに増えた。税引き後営業利益はまたもや業界では高い水準で、平均預金額の二・一パーセントだった。

一九七五年のバークシャー・ハサウェイの株主への手紙の中で、バフェットは同行における貸し倒れの驚くべき少なさを強調している。「ＣＥＯであるユジーン・アベッグの仕事ぶりにふさわしい形容詞を見つけるのは容易ではありません。およそ六千五百万ドルの平均融資額に対して、正味貸倒損失は二万四千ドル、率で言うと〇・〇四パーセントです[54]」。

翌年はさらにその数字が改善し、融資残高に対する貸倒率はわずか〇・〇二パーセントまで下がった。一九七六年の銀行業界における一般的な貸倒率を大幅に下回っている。このように利益が増加する中でも、預金額（一九六九年以降、六千万ドル増加）、融資額、従業員数はバフエットが買収した一九六九年当時とほぼ変わらない水準だということに注目してほしい。同行は同じチームのまま、信託事業や旅行業、データ処理などの分野まで大きく事業を拡大した。

一九七七年には利益が三百六十万ドルとなり、総資産利益率は多くの大手銀行の三倍の水準となった。アベッグは八十歳になったため、誰か経営を支えてくれる人を雇えないかバフェットに相談した。アメリカン・ナショナル・バンク・オブ・オマハの前社長兼CEOだったピーター・ジェフェリーが、同行の社長兼CEOとして経営に加わることになった。

同行はさらに力強く成長を続け、総資産利益率は一九七八年に二・一パーセントとなった。つまり、バークシャー・ハサウェイの株主に帰属する税引き後利益は四百二十六万ドルということだ。十年間で定期預金は四倍になり、純利益は三倍に増え、信託部門の利益は二倍以上となった。その間、コストは厳格に管理された。

お気に入りを手放さなければならない時

銀行の監督機関は一九七八年、バフェットに一九八〇年末までにロックフォード・バンクを彼が保有するほかの企業と切り離さなければならないと警告した。彼らは銀行がほかの業界の企業の傘下に入らないように取り締まりを強化していたのだ。最も可能性の高い解決策は、一九八〇年下半期のどこかのタイミングで同行をスピンオフし、バークシャーの株主に直接、同行の株式を割り当てることだとバフェットは発表した。その間にもユジーン・アベッグとピーター・ジェフェリーは業績の記録を更新し、一九七九年には総資産利益率は二・三パーセント(利益は五百万ドル)と競合他社の三倍の水準を維持した。

最高額が必ずしもベストな選択ではない

一九七九年、バフェットは同行の株式の八十パーセントかそれ以上を外部の投資家に売却する可能性を模索した。彼は「我々はかなり買い手に対する好みがうるさいため、提示された金額だけを基準にして選ぶことはありません。同行とその経営者はこれまで、株主である我々を非常に大切に扱ってくれました。売却しなければならないのであれば、彼らが同様に大切に扱われるよう万全を期しておきたいのです」と述べている[55]。秋の初めごろまでに適正な価格を提示する適切な買い手が見つからない場合、バフェットはスピンオフを可能性としてまだ残していた。

分離

一九八〇年の大みそか、ロックフォード・バンコープ・インク(イリノイ・ナショナル・バンクの株式の九十七・七パーセントを保有する企業)の株式四万千八十六株はバークシャー・ハサウェイの株式と一対一で交換された。交換比率をもとに計算すると、同行はバークシャー・ハサウェイのおよそ四パーセントの価値と評価されたことになる。

この手法であれば、希望するすべてのバークシャーの株主がバークシャーに対する持ち分だけではなく、同行の持ち分もそのまま維持できる（例外もあり、バフェット自身は銀行監督機関からそれまでの持ち分の八十パーセントしか許可されなかった）。バークシャーの株価は四百二十五ドルだったため、同行の時価総額は四百二十五ドル×四万千八十六株でおよそ千七百五十万ドルということになる。

また、バークシャーの株主は割り当てられた同行の株式とバークシャーの株式を互いに交換することもでき、同行の株式とバークシャーの株式の保有割合を同じにする必要はなかった。

learning Point

学習ポイント

1. **傑出した会社に適正価格で投資せよ。** もしある会社がそれまでに高い収益力をすでに証明しており、その収益力が今後さらに高まると思える確固たる理由があるのであれば、その会社には適正な価格を支払う価値がある。

2. もしそうした会社が安い価格で手に入るのであればさらに良く、大きな利益を上げられるだろう。 イリノイ・ナショナル・バンクは十年足らずで年間利益を百五十パーセント増の五百万ドルまで増やし、おそらくその価値は四倍になった。

3. 優れた企業の株式はたくさん買おう。 バフェットはそのような優れた企業を見つけたときは、可能な限り多くの株式を取得した。

4. ある会社の創業者が会社を売却しようとする際、一セントでも高く売ることではなく、**どのような人物に買ってもらうかに大きな関心を持つ場合、それは非常に良い兆候だ。** もし経営者が買い手企業の経営哲学よりも、売却価格に関心を持っている場合、その買収が成功する可能性が低いことをバフェットは知っている。バフェットが雇ったのは、ユジーン・アベッグやアソシエイテッド・リテイル・ストアーズのベン・ロスナーなど「自分自身で会社を百パーセント保有する場合と同じ心遣いとやる気を持ってバークシャーのために会社を経営してくれる」経営者だ。素晴らしい経営者はこうした心構えを「性格の一部として備えている[56]」。

5．低リスクと安定成長を重視し、コストのかからないシンプルな標準業務だけを手がける銀行は、複雑なデリバティブや市場借り入れを手がけ、投資銀行家が企業文化をつくった投資銀行とは全く異なる有望株だ。

6．合理化とコスト削減を常に考え続ける経営者は支援する価値のある経営者である可能性が高い。こうした行動によって、会社の競争優位のモート〔注：城などを囲んだ堀の意味で、競争相手に攻略されにくい優位性のこと〕がますます深く、広くなる。

1969

[第16の投資]　Omaha Sun Newspapers

オマハ・サン・ニュースペーパーズ

投資で負けて、栄誉を得る

▶投資先……オマハ・サン・ニュースペーパーズ
▶投資時期…1969〜80年
▶取得価格…125万ドル
▶株数………全株式
▶売却価格…不明だが、おそらく125万ドルを大きく下回る
▶利益………金銭的には損をしたが、ピューリッツァー賞受賞を含め質的利益（名声やブランドなど）を得た

バフェットは一九六七年にBPLで三十五・九パーセントというリターンを叩き出し、一九六八年は純資産六千八百十万八千八十八ドルでのスタートとなった。ただ、彼は決してやる気に満ちあふれてはいなかった。マーケットがますます投機熱や会計操作に煽られるようになると、より大きな懸念を抱くようになった。

バフェットの態度

バフェットの考え方を理解することは重要である。彼は投資した銘柄が株式市場で上昇して儲けるだけで満足するような人間ではない。彼の分析的な推論の正しさが証明されて、初めて満

足を得るのだ。正しいかどうかは彼が選んだ企業の業績の推移と業績に連動した株価の上昇を通して明らかになる。

論理的な分析がまず最初にあり、企業の成功が続き、その上で株価が上昇する。これこそが理にかなった流れであり、投資の世界での正しい順序だ。仕手筋が短期的な利益を目的に推奨した結果、投資した銘柄がたまたま数週間で百パーセント上昇するのを目の当たりにしても、それは不安の種にしかならず、大喜びするような理由にはならない。不合理な形で得た利益は、同様に不合理な形で瞬く間に水の泡になりうるのだ。

大衆によるゲーム

バフェットはゲームのように遊ばれた結果、社会的に重要な株式投資の市場メカニズムに長期に及ぶ深刻なダメージが残るのではないかと気を揉んでいた。利己的な市場操作の結果、市場が機能不全に陥り、人々が企業に投資するという考えに対して不安や嫌悪を抱くようになり、活気のある企業に流れる資金の量が減ってしまうことを恐れていたのだ。

一九六八年七月のパートナーへの手紙の中で、バフェットは次のように書いている。

「チェーンメールのような仕手戦のはやりに乗った人々（売買を仕掛けた仕手筋、企業幹部、投資顧問、投資銀行家、投機家など）がものすごい大金を稼いでいます。まさにだまされやすい人々、自己催眠にかかった人々、利己的な人々がゲームを繰り広げているのです[57]」。

株価操縦を成功させるには仕手筋は幻想を作らなければならないのだが、会計操作がその最も一般的なやり方だ。バフェットによると、

「多くの場合、会計操作（ある極めて進歩的な起業家は「大胆で想像力を駆使した会計」の正当性を信じていると教えてくれた）や、資本金のごまかし、事業の実態の偽装が必要となります。人気があり、立派で、非常に儲かる会社はそのようにして捏造されるのです[58]」。

バフェットは市場の狂乱に対して首を横に振る一方、ＢＰＬのパートナーには十分なリターンを提供できており、少なくともその点は安心材料だった。「かなり率直に言うと、そうした狂乱のおこぼれに我々も預かっており、ファンドの成績は大きく改善してきています……ただ、通常よりもかなり早くマーケットの果実を摘んでいるにすぎません[59]」。ＢＰＬの一九六八年のリターンは驚くべきことに四千万ドル、つまり五十八・八パーセントだった。一九六九年一月時点で、バフェットの運用資産は一億四百万ドルに膨れていた。

バフェットはオフィスの壁に、一九二九年のウォール街大暴落の新聞の切り抜きを飾ってある。市場の狂乱の行き着く先を常に忘れないように心がけるためだ。狂乱は外から見ると楽しそうに見えるかもしれないが、その狂乱の中に自分も身を委ねてしまうと、バフェットにとって最も大切な二つの投資原則を破ることになるリスクが高い。

原則一：お金を失うな。
原則二：原則一を忘れるな。

オマハ・サン

バフェットはワシントン・ポストを配達していた子どものころから、質の高いジャーナリズムに強い関心を持っていた。実際、彼は投資アイデアを考え出す上で、新聞から得た情報に頼っている。彼もチャーリー・マンガーも分析的な報道や批判的な報道、そして調査報道に対して大きな敬意を払っている。時間は貴重である。限られた時間で何を読むかによって、知識の幅と深さが増すだけではなく、人格形成にも影響を与える。

買収の機会

一九六八年、バフェットは過半数の株式を取得できる小型株を中心に物色するようになっていたため、ある新聞のオーナーになるというアイデアに魅力を感じていた。もし手頃な価格で売却されていればなおさらいい。そんな時、ささやかな機会が彼に訪れた。バフェットの妻スージーがオマハ・サンのオーナー兼経営者であるスタンフォード・リプシーと知り合いで、ある日、リプシーがキーウィットプラザにあるバフェットのオフィスを訪れ、会社を売りたいと申し出たのだ。

同社はオマハ都市圏で地元密着の週刊新聞を六紙発行しており、発行部数は計五万部、年間売上高はおよそ百万ドルだった。近所のイベントなど通常のローカルニュースを掲載していた。一方、オマハの有力紙であるオマハ・ワールド・ヘラルドが見逃した、もしくは掲載を故意に控えたような記事の調査報道も手がけていた。主に地元の行政機関の関係者や著名なオマハの人物の誤った判断や過失に関する内容だ。

リプシーでさえそれらの新聞の将来性については冷めた見方をしており、バフェットにとっては投資機会というよりは、粘り強い調査報道という新聞の重要な公益機能が買収の大きな理由だったのかもしれない。いずれにせよ、二十分で取引は成立した。バフェットは後に、年間十万ドルの利益を予想していた企業に百二十五万ドルを支払った（つまり、投下資本に対するリターンは八パーセント）と述べている。リプシーは編集者として会社に残った。八パーセントというリターンはバフェットの通常の期待値より低いが、当時はほかに多くの投資機会に恵まれていたわけではなく、BPLの資金の多くが遊休状態だったことも忘れてはならない。

また、ほかにも理由があった。新聞が一紙しか発行されていない自治体があることにバフェットは気付いていた。つまり価格決定力を持っているということだ。（BPLの運用資産のおよそ一・五パーセントにすぎない）百万ドルかそこらを投資するだけで、バフェットは出版業界に足がかりを築き、経験を蓄えることができる。将来さらに事業を拡げる際に役に立つことを期待したのだ（実際にそうなった）。バークシャー・ハサウェイが全株式を取得し、一九六九年元旦に所有権が移った。

ピューリッツアー賞受賞

発行部数が少なく、利益目標である十万ドルを達成するのにも苦労していたオマハ・サンの誇り高き支配株主となったバフェットだが、彼は地元の情報に精通していた。同社を買収してすぐのころ、オマハを拠点として全国的に人気のある慈善施設に関するあるスキャンダルを強力に裏付ける情報が彼の耳に入ってきた。

ボーイズ・タウンは一九一七年、アイルランド人の牧師であるフラナガン神父が身寄りのない少年たちの避難所として設立した。一九三〇年代半ばには百六十エーカーの敷地と校舎、運動施設を所有していた。一九三八年にスペンサー・トレイシーとミッキー・ルーニーが主役を務めたアカデミー賞受賞作『少年の町』で取り上げられたことで有名となり、大きく勢いづいた。映画の公開後に、ボーイズ・タウンは寄付金集めを全国に拡大し、定期的に数百万通の手紙を送った。もっと寄付金が集まらなければ、少年たちは食事にもありつけないことを示唆した内容だったため、寄付金はどんどん送られてきた。ボーイズ・タウンは敷地を千三百エーカーに拡大し、一九七一年には六百六十五人の少年と六百人の職員が敷地内に住んでいた。

次第にきな臭くなる

少年たちは過度に外部から隔離されていた。常に敷地内で暮らし、少女との接触はなく、一カ月に訪問者は一人までしか認められず、手紙は検閲された。これでも十分ひどいが、バフェットとオマハ・サンの編集者であるポール・ウィリアムスが最も注目したのは資金の集め方と使い方だった。

ボーイズ・タウンは国民に寄付を求める際、教会や州政府、連邦政府からは交付金を受けていないと喧伝していた。ところがネブラスカ州政府が施設に資金を交付していたことが分かった。さらに調査は続けられ、バフェットはプロのジャーナリストと一緒に探偵のようにオマハを取材して回るのを楽しんだ。彼はボーイズ・タウンに関する数字を集めるのを手伝った。毎年五千万通にも及ぶ手紙を送って多額の寄付金（年間およそ二千五百万ドル）が集められ、保有する現金は毎年およそ千八百万ドルも増えていることが分かった。施設の毎年の支出の四倍にもなる。現金残高は二億九百万ドル（少年一人当たり三十万ドル）にも達し、それでも国民に寛大な寄付を求めていたのだ。二つのスイスの銀行口座も保有していた。また、受け取った資金を管理する財務管理システムを持っておらず、必要な支出の計画どころか予算すら作成していなかった。ボーイズ・タウンは他人のお金を杜撰に管理していたのだ。バフェットが大罪とみなす行為であることはご存じのはずだ。

スクープ

ボーイズ・タウンに関する記事が掲載されたのは一九七二年三月だった。全国的なスキャンダルとなり、すべての寄付金集めがストップした。翌年、ウォーターゲート事件を報じたワシントン・ポストが調査報道部門のピューリッツァー賞を受賞した一方、小さなオマハ・サンがローカル報道部門で同賞を受賞したのだ。

ボーイズ・タウンはそれ以降、プロジェクトへの支出を増やし、財務に関してもよりオープンになった。理事会のメンバーは交代し、組織の運営も変わった。敷地をコンサルタントに開放し、子どもたちは一軒家に住んで、結婚している夫婦が面倒を見るホーム・ファミリー・モデルに変更した。ボーイズ・タウンは今では子どもの世話と子どもの言語聴覚障害の研究・治療において米国をリードする組織となり、透明性の面でも高い評価を得ている。

ボーイズ・タウンは再起を果たしたものの、オマハ・サンの業績は芳しくなかった。オマハの中で立ち位置の悪い二番手だったのだ。バフェットは一九八〇年に同社を売却したが、新しいシカゴのオーナーも経営を立て直すことができず、一九八三年にオマハ・サンは廃刊した。ライバルであるオマハ・ワールド・ヘラルドは今日まで成長を続け、地元のニュースだけではなく、全国ニュースや国際ニュースも報じている。

learning Point

学習ポイント

1．人生には短期的な金銭的利益よりも大切なことがある。バフェットはファンドからわずかな資金を投じてある新聞を支援した。良くてもわずかな利益しか上げられない会社だ。ただ時には、未来のために投資するのは価値のあることだ。バフェットは自分は幸運な人間だと常々口にしている。優れた制度の整った社会に幸運にも生まれたからこそ、これほど大きな財産を築けたからだ。優れた制度には、法による統治、財産権、強力な市民社会、報道の自由を含めた権力の抑制と均衡が含まれる。我々が自由のもとで繁栄することを可能にするかけがえのない制度だ。ファンドの一・五パーセントの資金を投資してこれらの制度の維持に役立つことを、バフェットは社会の理念への貢献と見なしたのかもしれない。そのおまけとして八パーセントのリターンを得られるはずだったが、そちらは実現しなかった。

2．教育にお金を使う。バフェットは米国の新聞には非常に素晴らしいビジネスフランチャイズがあると考えていた。当時、車を売るにしても、家を売るにしても、食料雑貨を売るにしても、自分の会社を宣伝したい場合、ほとんどの人は地元の新聞に頼らざるを得なかった。また、多くの米国人は新聞が一紙しか発行されていない自治体に住んでいた。新聞ビジネスをもっとよく理解するためであれば、たとえリターンが低くても、百二十五万ドルというのは授業料としては大した額ではない。当時、バフェットは新聞の経済力とどのように事業が成り立っているのかについての詳細を理解することにますます夢中になっていた。以前にも保険ビジネスの表裏を理解することに集中したことがあったが、その時と同じような状況だ。こうして新聞業界への第一歩を踏み出したことで、後にバッファロー・イブニング・ニュースへの投資で高いリターンを上げ、ワシントン・ポストへの投資では二十倍のリターンを上げることにつながるのだ。最近では二〇一二年に、ＢＨは六十三の地元紙を買収した。

3．優秀な人材を手放さない。スタンフォード・リプシーはバフェットの良き友人となった。一人の人間として、そして新聞社の経営者として、彼は素晴らしい才能と人格を備えていた。数年後、バッファロー・イブニング・ニュースが深刻な経営難に陥ったとき、バフェットが経営再建を説得して託した人物はスタンフォード・リプシーだった。バフェットが信頼を置くキーパーソンとして、彼は二〇一二年まで三十二年間、バッファロー・イブニング・ニュースを率いた。彼が退任する際、バフェットはリプシーの成功の秘訣を聞かれ、「彼は新聞に情熱を注いでいました」と答えた。「彼は八十五歳ですが、いつも動いていました。前向きに動いていました。そして彼は新聞を愛していました。その行動と情熱が合わさることで、信じられない成果が生まれるのです[60]」。

4．定性的要因を忘れるな。バフェットが成功したのは単に彼が会計の数字と金融市場を理解していたからだと話す人がもしいたとすれば、あなたはバフェットのことをまだきちんと理解していない人と話していることはお分かりだろう。人間と人間関係こそがバフェットが本当に大切にしていることだ。さらに定性的要素の分析が、たとえ把握が難しく不正確になりがちでも、他人より優位に立つためには最も大切なことだ。

1968

［第17の投資］

さらに多くの保険会社

More Insurance

バークシャー・ハサウェイが強力な持ち株会社に変ぼう

- ▶投資先……保険・再保険会社
- ▶投資時期…1968〜69年
- ▶取得価格…少額でいろいろ
- ▶株数………不明
- ▶売却価格…不明
- ▶利益………かなり大きな額だが、持ち株会社であるバークシャー・ハサウェイの勘定に紛れている

一九六九年にはＢＰＬはかなり複雑になっていた。大部分の資金を複数の上場企業に少数株主として投資していたが、過半数の株式を保有する企業も二社あり、その二社にもかなりの額を投資していた。そのうちの一社がダイバーシファイド・リテイリング（アソシエイテッド・リテイル・ストアーズ）であり、八十パーセントの株式をＢＰＬが保有し、十パーセントをカリフォルニアにあるチャーリー・マンガーの投資ファンドが、残りの十パーセントをサンディー・ゴッツマンのファンド（ファースト・マンハッタン・カンパニー）が保有していた。

また、ＢＰＬはバークシャー・ハサ

ウェイの株式の七十・三パーセントを保有していた。社長であるケン・チェイスのもとで、同社は大きな変ぼうを遂げていた。チェイスは一九七〇年初頭、BHの株主にその変化について次のように書いている。「我が社の経営陣は四年前、資本を織物産業だけに投資し続けていては成し遂げられない、より高く安定した収益力を育てる決意をいたしました」[61]。バフェットは当初、織物事業から解放した資金を有価証券に投資し、「我々の投資と経営の評価基準を満たしている事業会社の買収は見送っていました」とチェイスは述べている[62]。チェイス一人ではそうしたことはできなかったはずだ。織物事業からほかの商品やサービスに資金を移すには、バフェットがきっかけを与える必要があったし、彼の分析する力、幅広い業界を見渡すことのできる目利きにも頼る必要があった。

その戦略がいかに正しかったのかが分かるとチェイスは驚いた。一九七〇年四月にBHの株主に書いた手紙の中で、彼は競合他社が織物事業だけに特化する戦略で大きな失敗を犯したと指摘している。「多額の資金を織物事業の拡大に投下し続けた企業は全く期待外れのリターン」しか得ることができなかったというのだ。対照的に、BHは二つの大きな事業会社の買収を決行し、これら二つの買収がBHの収益を押し上げたことで、「昨年の織物事業における使用資本利益率は五パーセントを下回ったにもかかわらず、会社全体の平均株主資本〔注：期初と期末の株主資本の平均〕に対する利益率は十パーセントを上回りました」。

つまり、買収した二社の資本利益率は十パーセントを大きく上回っていたことが読み取れる。そのころには織物事業はわずか千六百万ドル程度の資本しか使用していなかった。

バークシャー・ハサウェイの変身

一九六八年と六九年の二年間、バークシャー・ハサウェイは現金の保有を増やすために有価証券（ほとんどが株式）をすべて売却した。企業買収のための軍資金として備えるためだ。幸運にも、同社はこれら有価証券の売却で五百万ドル以上の税引き後利益を得たとチェイスは報告することができた。ほんの数年前の一九六五年には時価総額二千万ドル未満、純資産二千二百万ドル、唯一手がけていた織物事業ではかろうじて利益を上げる状態だったことを考えると、五百万ドルの利益はかなり大きな額だ。

一九六九年にイリノイ・ナショナル・バンクの株式九十七・七パーセントを取得する際に、この五百万ドルの利益が大切な資金となった。同行はそれ以降、持ち株会社であるバークシャー・ハサウェイの利益に大きく寄与し続ける（第15の投資を参照）。一九六七年に八百六十万ドル（バークシャー・ハサウェイの織物事業から買収資金を調達）で買収したナショナル・インデムニティとともに、同行は企業帝国を支える強力な柱となった。保険事業は一九六九年も保険引き受け業務で黒字だったため、ナショナル・インデムニティとその提携会社であるナショナル・ファイア・アンド・マリン・インシュアランス（一九六七年に買収）の両社のフロートが調達コストゼロの資金となり、バフェットは有価証券に投資することができた。バークシャー・ハサウェイの保険部門も拡大しており、ケン・チェイスは次のように説明している。

「我々が新たに立ち上げた保険部門は小所帯ですが、一年を通して着実に前進しました。また、ロサンゼルスに支社を開設し、カリフォルニアで労災保険市場に参入しています。新しい再保険部門は幸先の良いスタートを切っているようです……我々は新たに住宅保険事業の面白い計画も準備中です(63)」。

小さな企業であるにもかかわらず、すでに再保険事業のことを考えているあたり、バフェットとチェイスがかなり初期の段階から大きな事業展望を持っていたことが分かる。

さらにいくつかの企業が傘下に加わる

ＢＨはオマハ・サンも保有していたが、収益の規模としては大きな存在ではなかった。一九六九年には、さらに小さな企業を二社傘下に収めた。オマハ・サンの関連会社であるブラックトー・プリンティング・カンパニー（バークシャーが全株式を保有）と保険部門の拡充につながるゲイトウェイ・アンダーライティング・エイジェンシー（バークシャーが七十パーセントの株式を保有）の二社だ。ゲイトウェイは引き受け能力のある保険代理店をつなぐ集団保険代理店としての役割を果たした（今でも果たしている）。

そのころにはバフェットは過半数の株式を保有している企業の経営に集中したいと公言しており、彼はバークシャー・ハサウェイに「それ以上、市場で取引されている有価証券を買わせるつもりはなかった」とチェイスは述べている。BHが後にワシントン・ポストやコカ・コーラなど市場で取引されている株式を買い、大きな富を築いたことで有名になったことを考えると、かなり興味深い発言と言える。まさにBHを築き上げる過程において、バフェットが遠大な計画ではなくむしろ重大原則に従ってきたことを改めて示している。結果的に、時代に合わせて戦術を変えてきたのだ。

重大原則には次の原則が含まれる。

- 高い資本利益率を求める。
- 多額の資金を借りることはリスクを伴うため、そうしたリスクは極力控える。
- 投機家ではなく投資家であれ。つまり、会社を分析し、適度なリターンを求め、安全性マージンを保とう。

資本の利用

織物事業には千六百万ドルの資本を投下していた一方、イリノイ・バンクはＢＨの正味有形資産千七百万ドルを、保険会社はＢＨの資本およそ千五百万ドルを使用していた。

銀行と保険会社の収益を合わせると、「現在の通常の収益力は一株当たり四ドル程度」とバフェットは推定した。(64) ＢＰＬがＢＨを一株当たり平均十四・八六ドルで取得したことを考えると、かなり良いリターンだと言える。

さらに、ダイバーシファイド・リテイリングとバークシャー・ハサウェイはいずれも将来の成長見通しが明るいとバフェットは判断していた。「私の個人的な意見を言わせていただくと、ＤＲＣとＢＨの本質価値は今後数年でさらに大きくなるでしょう。将来のことは誰にも分かりませんが、成長率が年率十パーセント前後に届かないのであれば、私は失望します。株式の市場価格は本質価値をまたいで大きく上下に振れますが、長期的に見ると本質価値はほぼ確実にどこかの時点で市場価格に反映されます。両社はかなり有望な長期保有株であり、私は自分の資産のかなりの部分を両社に投資していることに満足しています(65)」。

チェイスとバフェットはいずれも、買収候補となる企業は探し続けると明言した。

学習ポイント

1．重大原則は遠大な計画よりも重要。適正な価格で取得したリスクの低い会社から高い使用資本利益率を得ること。これらがまさに重要な原則であり、様々なやり方で応用できる。重大原則を貫いた結果、バフェットとＢＨは当初は誰もが予想できなかった道に進むことになるのだ。

2．企業の本質価値だけに目を向ける。市場では株価がしばらくの間、企業の本質価値から乖離することもあるが、最終的には本質価値を反映した価格に収れんする。

3．バフェットの優れた運用成績を生み出した最大の要因は適正な資本の配分。バフェットは様々なセクターの企業を分析して評価する。そのおかげで、彼自身も彼が保有している企業の経営者も投資先を選定する際に、一つの業界の会社だけに視野を限定する必要がなかった。ある企業に資本を配分することで、次にリターンの高い投資先に等しい資本の機会費用が発生する。業界

Aのある企業に資金を投資すると、業界Bの企業にはその資金を投資できないということを肝に銘じておかなければならない。つまり、一番に選んだ企業から得る十パーセントのリターンを評価する際には、次の最良の投資先から得るリターンと比較しなければならない。この場合では業界Bの企業だ(AとBではリスクが同等と仮定する)。もし業界Bの企業では年率九パーセントのリターンが期待される場合、BではなくAに投資することで我々は価値を作り出すことになる。様々な業界や企業の中から投資先を評価できれば、選択の幅が広がることで資本利益率は上昇するかもしれないのだ。

［第18の投資］

バフェットの健全な投資

More Insurance

買えない時期には何をするべきか？

一九六九年、ウォーレン・バフェットは次々とバークシャー・ハサウェイの子会社を増やしていった一方で、ほかの株式投資家の態度に対する懸念はますます深まっていた。ある最大手の投資信託会社のファンドマネジャーが新たな投資顧問サービスを立ち上げる際に語った言葉に、そうした投資家の態度が表れている。

「国内外の経済が複雑になったことで、お金を運用するという行為はフルタイムの仕事になりました。優れたファンドマネジャーにとって、ある有価証券を調査した内容は一週間どころか、一日で無効になります。有価証券は分刻みで調査しなければならないのです[66]」。

この言葉を聞いたバフェットは、厳しく知的なエッジを効かせつつも、彼特有の冗談めいた言い方で次のように応じた。

「ワオ！　こんな風に言われてしまうと、ペプシを飲むために外出することさえやましいことだと感じてしまいます。巨額の資金を運用するモチベーションの高い人々の多くが、数少ない適した有価証券でこのやり方を次々と実践すれば、どのような結果になるのかは全く予測不可能です。ある意味、見ものではありますが、恐ろしくも感じてしまいます(67)」。

バフェットはグレアムから薫陶を受けており、次の言葉を繰り返し自分に言い聞かせてきた。

- 投資とは会社を理解することであり、そのためには詳細な分析を行わなければならない。
- 株式市場においては短期どころか中期的な動きさえ、企業の現場で起きていることとはたいてい無関係だ。長期的にはマーケットは企業の本質価値を評価するが、それまでの数カ月間（もしくは数年間）、マーケットはかなり理解不能な動きをするものだと思っていい。

一九六九年と同じように、今でも当てはまる教訓だ。

何も買うものがない

自分の投資原則を曲げない限り、投資する価値のある企業を見つけ出すのが非常に困難だと感じているとバフェットは述べている。

「あまり力説するようなことではないですが、投資アイデアの質と量はかつてない水準まで下がっています……ダラスにあるテキサス・インスツルメンツの本社に飾られてある額を我々のオフィスにも飾るべきだと感じることがあります。その額には次のように書かれています。『我々は奇跡を信じるのではない。奇跡に頼っているのだ』。俊足と選球眼を失った、年配の太った野球選手がピンチヒッターで鼻先の速球をホームランにすることは可能ですが、だからといってラインナップの選手を変えることはありません。我々は今、将来に影響を与える多くの重大なマイナス要因を抱えています。運用リターンがゼロになることはないでしょうが、いたって平凡なリターンを上回ることがないことも間違いありません(68)」。

ここには前向きな教訓もある。健全な投資原則を貫きたいのであれば、割安株が全く見つけられないときは、追加的な投資を控える。つまり、キャッシュポジションが積み上がってもいいということだ。再び割安株が増えたときに、投資を再開すればいいのだ。そうすれば、マーケットのムードに流されないで済む。

低コスト

バフェットはまたこのころ、簡素であることについて、つまりファンドマネジャーとして成功するには大きな調査チームが必要かどうかについて言及している。「一九六二年一月に前身の複数の投資事業組合を統合し、寝室から引っ越し、初めてフルタイムの社員を雇いました。当時の純資産は七百十七万八千五百ドルでした。そのころから現在では純資産が一億四百四十二万九千四百三十一ドルに増えましたが、従業員は一人しか増えていません(69)」。

バフェット、退職を決意

バフェットの投資環境に対するいら立ちはついに限界に達し、退職することを表明した。当時、三十八歳だった。一九六九年五月末にパートナーに手紙を送り、彼らに衝撃を与えた。

株式市場を覆う不穏なムード、そして家族との生活を犠牲にして人生のすべてを株式分析に注ぎ続けることで自分が失うものについてじっくり考えた上での決断だった。

十八カ月前に彼が人生の方向性を変える必要性に初めて言及したとき、仕事を辞めたいという考えは否定したが、家族やほかの興味にもっと時間を割くために仕事の時間をセーブしたいと語った。また、彼が好きで信頼し、敬意を持つ人々と仕事をしながら、傘下に収めた企業を長期的に育てることにもっと労力を注ぎたいとも述べた。たとえ毎年の資本利益率の期待値が下がることになっても、彼はこうした人間関係の構築を楽しみたかったのだ。

その十八カ月もの間、大多数のパートナーは彼は仕事を続けるべきだと考えていた。たとえリターンの期待値が下がったとしても、おそらくバフェットが優秀なマネーマネジャーであることに変わりはないと思っていたのだ。ところが一九六九年五月には、バフェットは一日も早くＢＰＬを解散したいと決意を固めた。

マーケットはもはや良い結果を生まない

まず第一に、バフェットはマーケットに対するフラストレーションを次のように説明した。

「（１）定量的要素を重視するアナリストが求めているような投資機会は過去二十年間で着実に枯渇していき、今ではほとんどなくなりました。

（２）我々は一億ドルもの大きな資金を運用しているため、ただでさえ不毛の地のように見える投資の世界において、さらに大部分の銘柄が投資対象から除外されます。三百万ドルにも満たない投資額では我々の全体のパフォーマンスにはほとんど影響がないため、事実上、普通株の市場価値で見て一億ドル程度に満たない企業を投資対象から除外しなければならないためです。

（3）投資パフォーマンスへの関心が高まり、マーケットはより短期志向で（私の意見では）より投機的になりました[70]」。

たとえバフェットが割安だと思える株式（特に正味流動資産価値の観点から割安）を見つけても、非常に小さな企業であることが多いため投資できない。ポートフォリオにある程度の影響を与えるには、厄介なほど多くの発行済株式を買い占めなければならなくなるからだ。

バフェットは市場平均と比較したファンドの成績を短期間で評価する風潮にもうんざりしていた。彼自身は企業を育てることを好むため、短期志向の投資家との競争を求められる煩わしさを回避したかったのだ。

個人的理由

バフェットは以前、ＢＰＬの仕事にこれまで全身全霊を捧げてきたが、少し力を抜く必要性を感じていると述べていた。ところが、宣言通りに力を抜こうとすればするほど、自分が生まれつき力を抜いて物事に取り組むことができない精神構造の持ち主であることをはっきりと自覚することになる。彼は他人を失望させることに耐えられず、自分のやることに関しては一番であることを好むからだ。彼はため息交じりにそのことに言及している。

「過去十八カ月間、私はこの試験に完全に失敗しました……定期的に運用成績を公表し、多くのパートナーの純資産のほぼ百パーセントを運用する責任を担う役者として舞台に出ている間は、ＢＰＬ以外の活動に労力を注ぎ続けることは決してできないでしょう……ただ、死ぬまで投資うさぎを追い越すことだけに専念したくはありません。それは分かっています。私にとって速度を落とす唯一の方法は止まることなのです[71]」。

この言葉の後、バフェットは衝撃の事実を明らかにする。「そのため、年末までにパートナー全員に辞める意思を正式な形で伝えるつもりです[72]」。

代わりとなる資金の預け先をパートナーに推薦

強い責任感から、バフェットは一九六九年に投資事業組合を解散するだけで終わりにしてはいけないという思いがあった。もしパートナーが自分自身で投資先を決めたくない場合、手元に戻ってくる資金をどこに投資すべきか、バフェットはその推薦先を考えたのだ。以下に挙げた目的に添って考えた。

- **代わりとなるファンドマネジャーを勧める。**代わりとなる人物は誠実さと能力を兼ね備えていなければならず、「今後の運用成績が私と同じくらい、もしくは私よりも優れている可能性が高い（それでも、彼や私がこれまでに残した運用成績には全く及ばないでしょう）」[73]。この言葉は決してうぬぼれで言っているわけではなく、バフェットは自分が過去に達成した運用成績を二度と達成できないものだと考えていた。また、少額の投資でも歓迎する、つまり資産の少ないパートナーを受け入れるかどうかも考慮すべき基準の一つだ。
- **パートナーは現金を受け取るか、もしくは「私が将来性の面でも価格の面でも気に入っているが、パートナーが希望すれば自由に現金に交換できる」会社の有価証券を受け取る。**[74]

●**バークシャー・ハサウェイとダイバーシファイド・リテイリングの持ち分を維持することも可能。**バフェットはこれら二つの銘柄について、「自由に市場で売買できず（支配株や無記名株には様々な証券取引委員会の規制が適用される）、おそらくかなりの期間、譲渡できず、配当ももらえません」とパートナーに注意喚起している。(75)

大きな決断

基本的にバフェットは現金を受け取るか、もしくは流動性が低く（全くなく）、配当もないという欠点のある小さな会社の株式（いずれか、もしくは両社）を受け取るか、パートナーに自由に選んでほしかった。あなたならどちらを選びますか？

もちろん後知恵で考えれば、我々全員がバークシャー・ハサウェイに投資するだろう。千ドル分の株式を保有していれば、今ごろは億万長者になれるのだから。ところが当時のBHは経営難の織物事業と年間の資本利益率が二十パーセントの小さなオマハの保険会社、利益率の高い小さな銀行、小さな新聞社、そのほか数社のさらに小さな会社から成り立っていた。ダイバーシファイド・リテイリング（DR）は全くダイバーシファイ（多様化・多角化）されていなかった。その多くが町のさびれた地域で安い製品を売っている小売店の集まりだった。その当時は、迷う必要のない決断ではなかったのだ。

ところが多くのパートナーの決断を左右したのは、バフェットが引き続きＢＨとＤＲにかかわり続けるという彼の言葉だった。両社が成功するという確証はその時点では限られていたが、パートナーはバフェットという人物を支持したのだ。バフェットは会社に対する思いを次のように明かしている（人と人間関係をいかに重視しているかに注意してほしい）。

「私は我々の会社（バークシャー・ハサウェイがことし買収したイリノイ・ナショナル・バンク・アンド・トラスト・カンパニー・オブ・ロックフォードが加わりました。イリノイ州にある総資産一億ドル強の極めて経営状態の良い銀行です）を経営している仲間たちが全員大好きで、亡くなるまで彼らとの関係を続けたいと思っています。ただ大金を手に入れるためだけに、好きで敬意を抱いている仲間が経営している優良な会社を売るという気持ちは全くありません。もちろん、事情によっては一つの事業くらい売却することはあるかもしれませんが[76]」。

バフェットは華々しく舞台を降りたかった

バフェットはＢＰＬを解散する前に、最後に一つ目標があると語った。それは「華々しく舞台を降りる」ということだ。ところが、その目標は実現しそうになく、一九六九年は悪い年になりそうだと彼は十分に予想していた。最善の予測でも「一九六九年のファンドの運用リターンはパートナーに対する毎月の支払いを加味してもゼロになる」というものだった[77]。

もし株式市場で優良株を見つけるのがもっと容易であれば、BPLの解散を一、二年先延ばしていたことをバフェットは認めている。「ここまで手紙の中でいろいろ要因を述べてきましたが、かなり率直に言わせていただきます。もし本当に一級の投資アイデアを持っていれば、一九七〇年、もしかすると七一年もBPLの経営を続けていたでしょう。それは私がそうしたいからではなく、単純に悪い年ではなく良い年で終えたいという理由からです。ただ、良い年にしてくれると希望を持たせるような投資アイデアは今のところなく、他人のお金でつきを期待しながら、アイデアを探し回る気もありません。私は今の市場環境には馴染んでいません。英雄として舞台を降りるために自分が理解していないゲームに挑戦して、結果的にこれまでの恥ずかしくはない運用成績を台無しにしたくないのです。こうした理由から、今年中にBPLを解散するつもりです[78]」。

ビル・ラエインをファンドマネジャーとして推薦

バフェットは毎年、パートナーにリターンをもたらしてきた。ところが、彼が一流のファンドマネジャーとして推薦した人物、ビル・ラエインは一九六二年に顧客の資金を五十パーセント失っていた。その翌年もかつかつ損益ゼロに戻しただけだった。バフェットがパートナーへの手紙の中でラエインを推薦した一九六九年十月までの九カ月間、彼はおよそ十五パーセントの損失を出していた。私はこうしたラエインのトラックレコードのほんの一部から大きな自信をもらった気がした。短期的には悪いパフォーマンスを出したにもかかわらず、バフェットはラエインのことを最良のファンドマネジャーと見なしたのだ。

ここで重要な疑問は、バフェットがなぜそう判断したのかということだ。ラエインのどの部分を見て、彼のことを非常に優秀だと判断したのだろうか？　まず第一に、全体的な運用成績が挙げられる。一九五六〜六一年、そして一九六四〜六八年にかけて、ラエインの顧客の口座を合わせた資産の運用リターンは平均で年率四十パーセントを上回った。バフェットすらしのぐ成績だ。さらに重要なことは、ラエインが健全な原則に従っているということだ。

投資家ビル・ラエイン

ラエインは一九四九年にハーバード・ビジネス・スクールを卒業した。そこからアイビーリーグ卒業生のお決まりの進路であるウォール街に進む。その後、バフェットが名演説「グレアム・ドッド村の素晴らしい投資家」（一九八四年にコロンビア大学で講演[79]）の中で述べたように、「彼は本物のビジネスの教育を受ける必要性に気付き、ベンジャミン（グレアム）のコースを受講するためにコロンビア大学に来ました」。一九五一年にその場所で、二十一歳だったバフェットはラエインと出会った。つまりバフェットはラエインの知性がどこに由来しているのかを知っていたのだ。

バフェットはラエインを本物の投資家と見なし、「誠実さ、能力、あらゆるパートナーがいつでも資金を預けられる。これらの要素を総合的に判断したとき、彼こそが最適の人物でした」と述べた[80]。手紙の中でもバフェットはラエインの人間性を評価している。「それ以降、私は彼の性格、気質、知性を見極める機会がたくさんありました。子どもたちが未成年の間にスージーと私が亡くなったときに備えて、私は投資関連の後始末を三人の**管財人**に全権委任しているのですが、彼はそのうちの一人です。残りの二人は金額の多寡にかかわらず、パートナー全員の資産の運用を継続的に行うことができないのです[81]」。

グレアム・ドッド村出身の投資家は同じ銘柄を保有する傾向にあるのか？

バフェットとラエインはいずれもグレアム・ドッドに投資スタイルの源流があるにもかかわらず、バフェットは彼の投資スタイルは自分とは違うと指摘している。二人が同じ時期に共に保有した有価証券はほとんどないのだ。

実際、グレアムから直接指導を受けた際に知り合った八人のバリュー投資家の運用成績について、バフェットはコロンビア大学における講演で取り上げたが、彼らの保有銘柄はそれぞれ全く異なっていた。それだけではなく、バリュー投資のスタイルも異なっていた。例えば、ウォルター・シュロス（一九五四年のグレアム・ニューマンにおける四人の小作農、つまりパートナーではないアナリストのうちの一人）は定量データを重視し、かなり多くの銘柄（百社以上）に分散投資していた。一方、カリフォルニアのチャーリー・マンガーは貸借対照表をほとんど重視せず、素晴らしい経済フランチャイズのある銘柄に集中投資していた。

それでも、グレアム・ドッド村の投資家には共通する特徴があった。例えば、

1. 株式市場の動きではなく企業を分析する。
2. 安全性マージンを確保する。
3. 適度なリターンだけを求める。
4. ミスター・マーケットのムードに流されるのではなく、それを理解した上で利用する。

ビル・ラエインは小規模な資産運用しか経験がない

バフェットが推薦したころ、ラエインが運用していた資産の規模はおよそ五百万～千万ドル

だったが、一九六九年にはその額が二千万〜三千万ドルまで増えていた。もしその規模を大きく上回る資産を運用するようになれば、彼は困難に突き当たるかもしれない。バフェットはそのことを懸念していた。

●資産額の大きさは「運用パフォーマンスを低下させる傾向にある」[82]。投資可能な企業の時価総額の最小限度額が引き上げられるため、選択可能な割安銘柄の数が少なくなるからだ。
●すべての時間を投資について考えることに費やすのではなく、運用のさまつな業務に追われるようになる可能性がある。
●優秀であったとしても、運用することになる期間は市場環境がこれまでとは異なるため、「今後十年間でいかに素晴らしい仕事をしたとしても、パッシブ運用のパフォーマンスをそれほど上回らない[83]」可能性が高い。

こうしたマイナス要因はあるが、「悲惨な成績をもたらすほどの不利な要因ではなく、単に平凡な成績をもたらす要因と言えるでしょう。ビルに運用を任せる上での主なリスクはこれだけだと思います。平凡なパフォーマンスというのはそれほどひどいリスクではないでしょう[84]」とバフェットは語っている。ラエインはバフェットのパートナーの資金を運用する目的でセコイア・ファンドを設立した。

バフェットの投資事業組合が解散

一九六九年十一月後半、バフェットはあと三十日でBPLの仕事を辞めるという意思を正式に伝えた。その前の手紙の中で、パートナーはそれぞれ、BPLの年初の持ち分の五十六パーセントに相当する額の現金を受け取ることになると説明している。ただ、有価証券を売却して得た金額が予想よりも多く、一九七〇年一月にパートナーが受け取った現金は持ち分の六十四パーセントに達した。

それに加えて、パートナーはダイバーシファイド・リテイリングとバークシャー・ハサウェイの株式の各自の持ち分を受け取ることになっていた。もしこれらの株式を売却するという選択をすれば、受け取る現金はさらに増え、一九六九年一月一日時点のそれぞれの資産の三十〜三十五パーセントに及ぶ現金を受け取る。それでも資産の一部はまだ有価証券の形で残ることになる。バフェットはそれら残った資産を一九七〇年の上半期に売却する心づもりだった。つまり、さらに多くの現金がパートナーに支払われることが予想された。非常に合理的な考えだが、バフェットは売却を急ぎたくはなかったため、一九七〇年六月を過ぎてもまだ有価証券は売却されず、最後の現金の支払いがなされない可能性も残っていた。

二つの企業

一九六九年末時点でＢＰＬが保有していたのは、

- ダイバーシファイド・リテイリング・カンパニーの百万株のうち八十万株。同社はアソシエイテッド・リテイル・ストアーズの全株式を保有していた。
- バークシャー・ハサウェイの全株式九十八万三千五百八十二株のうち六十九万千四百四十一株（およそ七十パーセント）。

バフェットは両社の株式の魅力を誇大に宣伝したくはなかったものの、自分の資産の大半を両社に投資する予定であり、両社の将来性は有望であると思っていることをパートナーには伝えた。

パートナーへの信任義務は終わったのか？

バフェットはパートナーとの間の職務上の関係はもうすぐ変わることになるとはっきり述べた。ＤＲＣとＢＨの株式を引き続き保有するパートナーにとっては、バフェットは単なる株主仲間、単なる保有企業の取締役となる。BPLの運用責任者としての道義的・法的責任はもはやなくなるのだ。もちろん、バフェットがそう言うのは全く構わない。ただ、我々がこれまで見てきたように、彼は性格的に運用受託者としての責任感、もしくは家父長的態度を完全に放棄することはできなかった。

もしあなたがウォーレン・バフェットについて少しでも知っていれば、またもし彼に会ったことがあれば間違いなく、彼がBHの株主をパートナーのように扱うことを知っているだろう。BHのすべての株主をオマハで歓迎し、全力を尽くして会社の現状を知ってもらおうと努める。そしてほぼ無給で、会社の経営と投資業務をしてくれているのだ。

ただ当時は、彼は重い責任を肩から下ろそうとしていた。一九六九年十二月五日の手紙の中で、DRCとBHの株式を保有し続けることを義務づけられたくはなかったし、自分のすべての時間をDRCとBHに捧げたくはなかったと彼は述べている。

「この点は強調しておきたいのですが、それら有価証券の今後の保有に関しては、私はパートナーの方々に指示を出したり、パートナーの方々と協調したりする立場にはありません。各自が保有している株式は今後、自由に好きなように扱ってもらって構いません。もちろん、私にも同じことが言えます。私はこれから長い間、DRCとBHの株式を保有し続ける可能性が非常に高いと思いますが、そのことに関して暗に道義的責任を持ち込みたくはありませんし、他人の保有に関して、これからもアドバイスし続けることも望んでいません。もちろん、両社はすべての株主に事業内容を報告しますし、会社が発行した報告書をおそらく半年ごとに受け取ることになるでしょう。もしそれらの株式を保有し続けるとしても（そうすることになると思いますが）、事業にどの程度かかわるのかは、私がほかのことにどれくらい興味を持つかに左右されると思います。会社の方針に関しては重要な立場でかかわる可能性が高いですが、私がほかのことに興味を持つようになれば、パッシブ・シェアホルダー〔注：経営にかかわらない株主〕として以上の道義的責務は望みません[85]」。

learning Point

学習ポイント

1．マーケットのムードはバリュー投資家には理解できないことがある。そうした時期には警戒が必要だ。

2．十分な安全性マージンのある投資対象資産がほとんどないときには、ポートフォリオにおける現金比率を高めるのは適切な方策だ。

3．仕事で一緒に働く人々に対しては誠実かつ勤勉な態度で接しよう。

4．投資能力を判断する上で、短期的（一年くらい）な成績に関する数字は無意味だ。健全な投資原則に従えば、結果は後から付いてくる。

5．運用規模の小さい投資家は有利だ。時価総額の小さい企業にも投資できるため、投資可能な企業の数が多くなる。

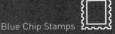

1968

[第19の投資]

ブルー・チップ・スタンプス

Blue Chip Stamps

新たな巨額の運用資金を手に入れる

▶投資先……ブルー・チップ・スタンプス
▶投資時期…1968年～現在
▶取得価格…(当初は)300万～400万ドル
▶株数………発行済株式総数の7.5パーセント
▶売却価格…バークシャー・ハサウェイが吸収
▶利益………数億ドル

一九六九年末にかけて、BPLはかなりの額のブルー・チップ・スタンプス（BCS）株を保有し、運用資産のおよそ六パーセントに相当する投資額だった。同社の時価総額がおよそ四千万ドルだった一九六八年に初めて取得し、徐々に持ち分を増やした。チャーリー・マンガーと彼の友人でベンジャミン・グレアムの教え子仲間であるリック・グエリンも同社に投資機会を見出し、株式を買っていた。

ほかの保有株と同じようにパートナーに現金として手渡せるよう、バフェットはBPLが保有していたBCSの株式、三十七万千四百株（発行済株式総数の七・五パーセント）も売却しようとした。一株当たり約二十四ドルでの売却が決まったと思った矢先、株式市場が下落したことからその買い手が求める価格は話し合いを重ねるごとに下がっていった。

結局、ほかの買い手にほんの一部の株式を売却したものの、「たとえ一、二年かかったとしても……もっと有利な条件で売却できるようになるまで、もしくは最終的にパートナーに手渡すまで[86]」、BCSの大半の株式をBPLが保有し続けることになった。ふたを開けてみれば、保有せざるを得なかったことで、大きなリターンを得ることができた。

ここで少し話を戻し、そもそもBPLがどのような経緯でブルー・チップ・スタンプスに投資するようになったのかを見ていきたい。

スタンプビジネス

一九六〇年代後半から一九七〇年代初頭にかけて、買い物客が小売店からスタンプを集めるサービスがはやっていた。お店で何かを買ったとき、おつりと一緒に数十枚のスタンプをもらうのだ。特にガソリンスタンドでは多くのスタンプがもらえた。そのスタンプを家に持ち帰り、何ページもあるスタンプブックに貼り付けるのだが、そのスタンプブックをトースターや電気湯沸し器、テーブルなどと交換できるという仕組みだ。このビジネスの利点は、ブルー・チップ・スタンプスが小売店からスタンプの代金を現金であらかじめ受け取れるということだ。集めた現金を元手として、スタンプブックと交換できるトースターなどを買うのだ。

ここで大事なポイントは、小売店がスタンプの代金をＢＣＳに支払ってから、顧客がスタンプを商品に換えるまで、巨額の現金、つまりフロートを同社が保有することになるという点にある。バフェットが保有するほかの会社を連想させないだろうか？　その通り、保険金を支払うずいぶん前から顧客が保険料を納める保険会社だ。このビジネスの利点はフロートだけではない。顧客がスタンプをなくしたときやスタンプが少なすぎて商品と交換できないとき、もしくはスタンプのことを単純に忘れたとき、スタンプは最終的に商品とは交換されないため、その分がＢＣＳの儲けになるのだ。

ＢＣＳは毎年、およそ一億二千万ドル分のスタンプを小売店に販売し、手に入れるフロートは六千万～一億ドルに達した。

ブルー・チップ・スタンプスは一九五六年、九社の大手小売グループが共同で設立した。ガソリンスタンドを含むこれらの企業がスタンプを配った。ほかの小売店もスタンプを配ることはできたが、ＢＣＳの経営に関しては発言権がなく、利益の分け前もなかった。これら小規模小売店がＢＣＳに搾取される可能性があることに気付き、独占禁止法を取り締まる当局に訴えたことから、一九六七年にＢＣＳは一から組織を再編することになった。

その結果、五十五パーセントものBCS株が追加発行される必要性が生じ、小規模小売店に割り当てられた。小売店が買い取らなかった株式は市場に放出された。

数千もの小規模小売店が別に欲しくもない株式を手に入れることになったため、その後株価は下落する。その際に、バフェットとマンガー、グエリンの三人が積極的に同社の株式を拾ったのだ。

バフェットは二〇〇六年のBHの株主への手紙の中で、ブルー・チップのビジネスについて回想している。

「チャーリーと私は時々、潮が満ちてくるような流行、商業的な可能性に満ちた流行にいち早く飛びつくことがあります……ずいぶん前になりますが、我々二人は一九七〇年に景品引換スタンプビジネスを手がけているブルー・チップ・スタンプスの支配権を取得し、そうしたうまみのあるビジネスに飛び乗りました。その年、同社の売上高は一億二千六百万ドルで、スタンプはカリフォルニア中で配られていました。一九七〇年には、倹約家の人々がおよそ六百億枚ものスタンプをスタンプブックに貼り付け、ブルー・チップの景品交換所に持ち込みました。景品カタログは百十六ページもの厚さで、手に入れたくなる商品が満載でした……一部の売春宿や葬儀場ですら顧客にスタンプを配っていたと聞いたことがあります(87)」。

バフェットとマンガーは結局、ＢＣＳの取締役に就任し、投資委員会を引き継いだ。バフェットは新たな巨額の運用資金を手に入れたのだ。

バフェットによるブルー・チップ・スタンプスの資金の使い方の例

ＢＣＳの投資先の一社は一九七三年に投資したシーズ・キャンディーズだ。同社は現在でもＢＨが保有している。一九七二年に二千五百万ドルで買収し、追加で投資した資本は四千万ドルだけだが、これまでで計十九億ドル以上の税引き前利益を上げている。この興味深い話については次の章（第20の投資）で扱うことにする。

learning Point

学習ポイント

1．フロートは無利子で資金を供給してくれるため、腕利きの投資家の資金にレバレッジをかけてリターンを増やすには非常に有効な手段だ。フロート（しばらくの間、手元に残して投資資金として使えるお金）は保険業だけではなく、いろいろなタイプのビジネスで発生する。例えば、景品引換券、クリスマス・ハンパー・クラブ（注：事前に顧客から料金を集めて、クリスマスの日に食べ物やプレゼントを友人など指定された自宅に届けるサービス）、旅行代理店の一部などだ。

2．多くの株主がしぶしぶ保有しているとき、買いの好機が生まれることがある。多くの株主がその企業に特にほれ込んでいるわけではない場合、株価の売り圧力は強いかもしれない。

3．既存の事業がうまくいっていないからといって、その会社の資産がよりリターンの高い事業に振り向けられるのであれば、必ずしも悪い投資先とは限

らない。

4．考え方の近い投資家と協働すれば、影響力は大きくなり、すべての投資家にとって良い結果を生むことがある。バフェットとマンガー、グエリンは協力することで、ＢＣＳの支配権を握り、同社の収益源となる事業を改善することができた。

1972

［第20の投資］

シーズ・キャンディーズ

See's Candies

天井知らずの価格支配力

▶投資先……シーズ・キャンディーズ
▶投資時期…1972年～現在
▶取得価格…2500万ドル
▶株数………全株式
▶売却価格…現在でもバークシャー・ハサウェイの一部
▶利益………20億ドルで、現在でも増え続けている

バフェットは三十九歳となった。それまでに、パートナーの資産を十三年以上も運用してきた。パートナーが受け取ったリターンは年率で二十三・八パーセント。これはあくまでバフェットの運用報酬を差し引いた数字であり、差し引く前だと年率リターンは驚愕の二十九・五パーセントにも達した。同期間のダウ平均株価の上昇率はおよそ八パーセントにすぎない。一九五七年にバフェット・パートナーシップ・リミテッド（ＢＰＬ）に一万ドル投資した投資家は、一九七〇年には十六万ドルを手にした計算になる。

一九六九年にＢＰＬが解散する直前までに、九十九人のパートナーがいた。ＢＰＬから現金を全額受け取った上で、バ

ークシャー・ハサウェイとダイバーシファイド・リテイリングの持ち分も売却したいと望むパートナーもいた。彼らはBPLに投資している資産の六十四パーセントを現金で受け取り、残りのほとんどをその二社の株式という形で受け取っていた。BPLの残りの資金はブルー・チップ・スタンプスの株式三十七万千四百株（発行済株式総数の七・五パーセント）に投資していたが、バフェットはすぐに売却してパートナーに資金を還元するつもりだった。

友人であるバフェットがその二社の株式の過半数を取得するつもりであることを知っていた多くのパートナーは同じ船に乗ることに決め、保有株の少なくとも一部を継続保有した。バフェットが両社の株式は流動性がなく（もしくはほとんどなく）、配当も支払わないと念押ししていたにもかかわらずだ。多くのパートナーが考えていたことは、バフェットから見て両社が十分有望な投資先であるのであれば、彼らにとっても有望な投資先に違いないということだ。バフェットが買っている、それさえ分かればあとは知る必要はないというのだ。

バフェットはBPLの資産の四分の一を保有していた。つまり彼は大富豪だった。数セントをかき集めるのに必死だった少年は、ここまで大きく成長したのだ。彼には引退して、仕事もせず、ぜいたくな日々を送るという選択肢もあった。ただそうした生活は、彼には魅力的に映らなかった。彼はビジネスの面白さを愛した。そのゲームの知的なチャレンジを、大きなカンバスに絵を描き続けることを愛したのだ。

バフェットは黒人の大学生五十人に毎年奨学金を支給するバフェット財団の運営など、ほかのことにも実際に興味を向けてみたが、相変わらずビジネスに最も力を注いだ。株式の過半数を保有して支配する企業に、多くの時間と労力をつぎ込むようになっていたのだ。

日々の日課

バフェット帝国は彼のオマハの自宅から数ブロック離れたキーウィットプラザにある小さなオフィスから統治されていた。バフェットはオフィスにいる午前八時半から午後五時までの間、ほとんどの時間を電話をする（チャーリー・マンガーとの定期的な電話を含めて）か単に何かを読んで過ごすことが多い。本社オフィスのアシスタントは四、五人しかおらず、株式仲介人の相手や経理事務、連絡のやり取りなどの日常業務を担当していた。

自分の会社に専念

バフェットは自分の資産の大半をバークシャー・ハサウェイに投資することに決めた。彼はすぐにＢＰＬを解散して受け取ったＢＨの持ち分をさらに買い増し、一九七〇年の春が終わるころには、彼と妻のスージーを合わせた持ち分は約二十九パーセントまで増えていた。当時、株価はおよそ四十三ドルだった。つまり、彼の持ち分の市場価値はおよそ千二百万ドルに達した。

ダイバーシファイド・リテイリングの持ち分も全株式（百万株）のおよそ四十パーセントまで増やした。株価はおそらく十二ドルほど（正味有形資産から計算すると）だったことから、およそ五百万ドル分を保有していたことになる。

また、ブルー・チップ・スタンプスの問題が残っていた。一九六九年に売却し損ねた後も、株価はさえないままで、新たな買い手を待っていた。バフェットは同社の株式の一部を自ら保有することに決めた。当初は全株式の数パーセントだったが、その年の年末には保有割合が二桁に増えていた。

もし望むのであれば、バフェットは両手を頭の後ろで組み、椅子の背もたれに寄りかかり、彼に利益をもたらしてくれる素晴らしい組織のことを考えながら悦に入ることもできたはずだ。ケン・チェイスが織物事業を、ユジーン・アベッグがイリノイ・ナショナル・バンクを、ジャック・リングウォルトがナショナル・インデムニティを、ベン・ロスナーがアソシエイテッド・リテイル・ストアーズを経営していた。そして、いくつかの小さな会社の経営を任せられる何人かのキーパーソンもいた。彼らのような優秀な経営者が送ってくる月次財務データを読み、お金が入ってくるのをただ見ていることもできたのだ。

ただ、バフェットはそれでは満足しなかった。これらの会社は余剰資金を生み出しており、ほかの用途で使うことができる。非常に魅力的だ。投資資金がどんどん増えているのだ！　また、それぞれの企業が様々な形でフロートを内部に抱えていた。バフェットはそうした資金を適切に配分しなければならず、新たな宝石を探し出すのを楽しみたかった。

次の二年間、バフェットは何をやるのだろう？

人生の新たなステージが始まったこの時期、バフェットは二つのかみ合わない状況の間で戸惑っていた。一方で、事業会社は（全般的に）資金を生み出していた。一九七〇年の税引き後利益はおよそ五百万ドルで、およそ四百万ドルはＢＨから、百万ドルはＤＲＣからの利益だった。ところが目を見張るような成長ぶりを見せ、一九七二年にはＢＨのみで営業利益が千百十万ドルに達した。他方において、バフェットは割安株をそれほど見つけられないでいた。そのため、積み上がっていく資金の大半を株式に投資できないでいたのだ。

事業運営から生じる余剰資金に加えて、バフェットは自由に使えるフロートも頼りにすることができた。保険事業のフロートは一九七二年には六千九百五十万ドルに増え、ダイバーシファイド・リテイリングは一九七一年初頭時点でおよそ千百万ドルの現金を保有、ブルー・チップ・スタンプスは六千万〜一億ドルのフロートを抱えていた。

つまり、バフェットはこれから投資に活用できる大きな資金の源泉を少なくとも三つ抱えていたのだ。それぞれの資金には権利を主張できる少数株主がそれぞれいたものの、バフェットは彼らのことを価値を共有している誠実で信頼できるパートナーだとみなしていた。彼らに対しては最大限の礼節を尽くし、公正に扱わなければならないと考えていた。

ここからは、バフェットが自由に扱える資金を投じた一社であるシーズ・キャンディーズへの投資を見ていくことにする。

ミセス・シー

ミセス・シーとはシーズ・キャンディーズが販売促進に利用するキャラクター（本物の古い顔の写真がお菓子の箱の上に描かれている）だが、彼女は実在した人物だ。ミセス・シーことメアリーは、チャールズ・A・シーの母親で未亡人だった。彼女と息子のチャールズ、義理の娘であるフローレンスが一九二一年にパサデナ〔注：カリフォルニア州の都市〕にある小さな平屋で販売用のキャンディーを作り始めたのが事業の始まりだった。その質の高い昔ながらのキャンディーの評判はすぐに広まった。それから数年でカリフォルニア中に店舗を開き、非常に愛される会社になった。住民はおやつとしてシーズ・キャンディーを食べて育ったのだ。一九四九年、チャールズの息子であるローレンスが七十八店舗を展開する会社を引き継いだ。ローレンスの弟であるチャールズ・B・ハリー・シーも事業を手伝った。

チャック・ハギンス

チャック・ハギンスはシーズ・キャンディーズでバフェットのキーパーソンとなる人物だ。これまでにバフェットの投資資金をおよそ二十億ドルも稼ぎ出しており、彼がどのような人物なのか、簡単に経歴を紹介しておいた方がいいだろう。一九二五年に生まれ、第二次世界大戦で落下傘部隊員を務めた後、大学で英語を学んだ。営業の仕事で行き詰まった後、ローレンス・シーとの面接を経て、一九五一年にシーズ・キャンディーズに採用された。当初、彼は支店長の下で働き、非常に様々な仕事を頼まれた。適性があったことから、瞬く間に昇進を果たす。一九六九年にローレンス・シーが五十七歳で亡くなった際、弟のハリーは経営を続けることに前向きではなかった。彼は「ワインと女遊び」を楽しみたかったという話だ。当時、チャック・ハギンスは百五十店舗を展開していた同社の副社長という立場で、売却先を探すよう指示を受けた。

ブルー・チップ・スタンプスが関心を示す

ブルー・チップ・スタンプスの投資顧問だったロバート・フラハーティーは一九七一年、シーズ・キャンディーズが売却先を探していることを知った。彼と同社の取締役であるウィリアム・ラムジーはバフェットに電話し、どうしてもシーズ・キャンディーズを買いたいという熱意を伝えた。バフェットは当初、価格が高すぎると考え、キャンディービジネスには興味がないと答えた。そこで突然、電話が通じなくなった。

フラハーティーとラムジーが再びバフェットと電話でつながったときには、彼はシーズ・キャンディーズの財務資料を読んでおり、値段が高くてもぜひ買いたいと考えが変わっていた。一九七一年の十一月末ごろ、ウォーレン・バフェット、チャーリー・マンガー、リック・グエリンの三人はハリー・シーとチャック・ハギンスに会うためにロサンゼルスのホテルの一室に向かった。ハリーとチャックはその三人の投資家が小さな投資会社を経営していること以外、何者であるのか全く知らなかった。

カリフォルニアに住んでいたマンガーはシーズ・キャンディーズのことも州内で商品に対する評判が高いこともよく知っていた。おなじみの会社だったのだ。強力なブランドを持っていたため、競合他社が同社からマーケットシェアを大きく奪うには、仮にやろうとしたところで巨額の資金が必要だった。シーズ・キャンディーズのブランドに対する信仰はあつく、熱狂的とも言えるものだった。

話し合いを始めてしばらくすると、バフェットは買収には興味があるが、まず最初に誰が買収後に経営に当たるかを知っておく必要があると伝えた。バフェットは自分の側にはその役割を果たせる人材はいないことを明確に伝えた。ハリー・シーはハギンスが経営に当たると答えた。ブルー・チップサイドの三人は翌日にハギンスと会う機会を設けられるかどうか尋ね、実際に会うことになった。その二回目の会合における三時間に及ぶやりとりの中で、ハギンスは会社の良いところだけではなくマイナスの側面も拍子抜けするほど正直に話した。

バフェットらは頭が良く、会社のマイナス面などいずれ見破るため、あらかじめ認めておいた方がいい。ハギンスはそう考えたのだ。その上もし買収が成立すれば、バフェットらの下で働くことになる。最初から腹を割って話し合える関係を築いておいた方が賢明だった。バフェットとマンガー、グエリンの三人はハギンスの誠実さ、現実主義的な考え方、合理性に非常に感銘を受けた。

ハギンスの方も彼らに感銘を受けた。バフェットは鋭い質問をし、ビジネスの核心的な部分だけをよく見ていた。非常に賢く、ビジネスに関心があり、礼節と信用を重んじる上司たちと働くことになるとハギンスは安堵した。例えば、バフェットら三人はハギンスにシーズ一家が企業文化として育ててきた高い倫理観を維持し、ブランドの評判をこれからも高め、最高水準のサービスを提供してほしいと思っていた。

三人はハギンスにこれまで通りの経営を望んだのだ。結局、ハギンスの方が三人よりも事業経営、従業員、そして顧客についてよく知っている。資金が不足しないよう注意し、企業の価値観を奨励し、幹部社員の視野を広げる手助けをしながら、長期的な視点で会社を管理することがバフェットら三人の役割なのかもしれない。

ハギンスはバフェットとマンガー、グエリンに大きな感銘を受け、買収がこのまま成立すれば、会社の発展を支えるためにできる限りのことをやるという熱意に燃えていた。ただ、ブルー・チップが買収を決断するかどうかは、まだ全く予断を許さない状況だった。

買収

バフェットとマンガーの二人は、一九七一年十一月時点ではまだ買収をためらっていた。結局、シーズ・キャンディーズの正味有形資産はわずか八百万ドルで、税引き後利益はおよそ二百万ドルだった。三千万ドルという提示額は資産の面から見ても利益の面から見ても割高に思えた。シーズ・キャンディーズは特別な会社であり、もっと高い金額を払う価値がある会社だということを納得させたのはイラ・マーシャル（投資ファンド、ホイーラー・マンガー・アンド・カンパニーにおけるマンガーの共同経営者）だった。マンガーも後にバフェットの説得に回った。前述した資産と利益の数字から割り出せる極めて前向きなデータが一つあった。正味有形資産に対する税引き後利益の割合が二十五パーセントにもなるのだ。

またシーズ・キャンディーズは当時、最大の競合相手であるラッセル・ストーヴァーと同じ価格でキャンディーを売っていたのだが、ブルー・チップ・スタンプスのチームはシーズ・キャンディーズは価格支配力を利用しておらず、時間をかけて徐々にラッセル・ストーヴァーより価格を上乗せできると考えていた。ブルー・チップが二千五百万ドルで買収できれば、税引き後利益が二百万ドルであることを考えると、商品の値段を上げなくても八パーセントの利回りになると計算した（一九七一年十一月の十年国債利回りは五・八パーセントだった）。

バフェットが「天井知らずの価格支配力」とますます自信を深めていたブランド力のレバレッジを効かせることで、利益が急上昇するトレンドに入れば、税引き後利益がおよそ四百万ドルから六百五十万～七百万ドルまで増加するのもそれほど時間はかからないだろう。（当時一・八五ドルだった）一ポンド当たりのキャンディーの価格をたった十五セント引き上げるだけで、その程度の利益が達成できるのだ。

バフェットがいかにベンジャミン・グレアムの原則を忠実に守ってきたのかを考えると、正味有形資産の価値の三倍以上のお金を払って会社を喜んで買収するというのは彼にとってはまさに大きな変化だった。正味流動資産の価値と比較すれば、さらに割高な値段だ。自分の専門領域とみなす分野で、非常に優れたビジネスフランチャイズを持つ企業も対象に含めるべきだとマンガーなどから投資範囲の拡大を後押しされ、バフェットはそれを受け入れたのだ。

考えは変えたものの、バフェットとマンガーは買収価格に二千五百万ドルという厳格な上限を設けた。これ以上高い価格を求められれば、手を引く覚悟だった。二千五百万ドルという価格はハリー・シーが求める売却額とは大きな隔たりがあったが、最後にはハリーが次の人生に進むために折れる形となり、二千五百万ドルで合意した。一九七二年一月三日、ブルー・チップ・スタンプスが九十九パーセントの株式を取得し、取引が成立した。残る一パーセントも一九七八年に買い取った。

買収後

合意後すぐに、（社長兼CEOとなった）ハギンスとバフェットは極めてシンプルな報酬パッケージを取り決めた。たった五分間の話し合いで決まり、契約書の形で残すことはなく、その内容は数十年間変わらなかった。

バフェットはやはりバフェットである。彼は会社の重要な事項に強い関心を持ち始めた。特に砂糖やココアの先物など、金融にかかわる部分だ。ハギンスはバフェットやブルー・チップとバークシャーの関係者と定期的に会うことは求められなかった。ただ、事業データはバフェットが楽しみにしていたため、売り上げなどの数字は頻繁に受け取った。ここで注意してほしいのだが、バフェットがデータを受け取るのはいかにキャンディーの売り上げを伸ばすか、いかに事業を改善するかについてハギンスに指示を出すためではない。彼は単に業績、特に使用資本利益率に関心があるだけなのだ。

バフェットは定期的にハギンスに電話したり、彼のやっていることを監視したりはしなかったが、何か相談する必要があるときは、いつでも相談に乗れるようにしていた。ハギンスは好きなときにバフェットに電話することができ、バフェットは電話に出られないときも一時間以内に電話を折り返していた。

お互いの関係は上司と部下というよりも、友人であり、相談相手であり、パートナーであり、対等であると二人は感じていた。バフェットは決してハギンスに何かをしろと命令することはなく、何かを決断しなければならないときに選択肢を吟味するのを手伝っていただけだ。バフェットは事業の成否にかかわる深い知識を豊富に持ち、ハギンスが思いもつかない選択肢を持っていることもあった。ただ、彼はそれを押し付けることはなく、決断する立場にいるハギンスにこうした選択肢も考えてみてはどうかと提案するだけだ。

フランチャイズ

シーズ・キャンディーズは質の高いキャンディーの分野でビジネスフランチャイズを作り上げるというこれまでの路線から決して逸脱しようとはしなかった。ビジネスを土台から変えたり、多角化に乗り出すというのは道理に合わない。キャンディーを作って売ることこそが同社が知り尽くしていることであり、その分野でこそこれからも競争優位を保てる。どうしてほかの事業に手を出して経営者の労力を分散させるのか？　売り上げを大きく左右する要因である商品の評判がキャンディー購入者の間に浸透していない地域に出店する必要があるだろうか？

保存料をいっさい使わず最高の原料にこだわり、商品の質には決して妥協しない。仮に短期的に利益に悪影響が出たとしても、顧客サービスには妥協を許さない。そうすることでビジネスモートを深く、広くし、フランチャイズを強化し続ける必要性があるという考えをバフェットとハギンスは共有していた。

バフェットは投資家は決して学ぶことをやめてはならず、彼自身もベンジャミン・グレアムに教えを授かり、数十年の経験を得た今でも学ぶことをやめていないと述べている。シーズ・キャンディーズのビジネスは偉大な教育者だった。ブランドを通して人々が心に抱く愛着の重要性を深く理解させてくれたのだ（バフェットはマーケットシェアではなくマインドシェアという言葉を使う）。これこそが価格を引き上げる基盤、非常に高い使用資本利益率を実現する基盤となる。

こうした考え方がその後、より価値のある決断につながることになる。「コカ・コーラなど企業の株式を保有することとは異なり、出店や価格を決める業務に実際に携わると、いろいろと学ぶことがあります。シーズは多くの利益を稼いでくれましたが、それよりもずっと多くのお金をシーズのおかげで稼げたと思います。私を教育してくれたという事実だけでも十分そう思えますし、チャーリーもきっといろいろなことを学んだと思います[88]」とバフェットは語っている。

店舗数拡大の試み

シーズ・キャンディーズは一九七二年時点で、百六十七の店舗を展開していた。経営陣とバフェット、マンガーは西部の州、特にカリフォルニア州に事業を限定してきたことで、潜在的な高い利益（高いとは使用株主資本に対して高いという意味）を逃しているのではないかと時々考えた。

そのため、投下した資本の額は非常に限られたものの、ほかの地域でもシーズ・キャンディーズのビジネスを試してみた。例えば、一九八〇年代後半にコロラド州、ミズーリ州、テキサス州に出店した。ところがブランドの認知という点で準備が不十分だったため実験はうまくいかず、店舗を撤退した。これらの州の人々はよく知らないブランドのキャンディーを割高な値段で喜んで買おうとはしてくれなかったのだ。そのため、一九八〇年代に入っても二百店を少し上回る数の店舗しかなく、今日でもその数はほぼ変わらない。

ただ、大成功したケースもあった。バフェットは新しいテクノロジーには疎く、パソコンやインターネットを避けている年寄りのふりをしているが、実際は新しいテクノロジーの潜在力を非常によく理解している。一九九八年にインターネットでの販売戦略を後押ししたのはバフェットだったのだ。ネット販売は今ではシーズ・キャンディーズの大きな収入源となり、会社の成長を支えている。

これまで見てきたように、バフェットは有能で経験豊かな経営者には会社で働き続けてもらうことを好む。彼はハギンスをうまく説得し、八十一歳まで働いてもらった。退職したときに振り返ってみると、ハギンスは会社には五十四年間も在籍し、CEOも三十三年間務め上げた。

保険事業でバフェットと数十年間働いてきたブラッド・キンスラーは二〇〇六年、シーズ・キャンディーズの経営を引き継いでほしいと頼まれた。キンスラーが引き継いだ後も、会社の基本的な部分はほとんど変わっていない。二〇一二年になっても、二百十一店舗すべてがシカゴより西にあり、そのうち百十店舗はカリフォルニアにあった。シーズ・キャンディーズが出店するのは顧客が同社のキャンディーに愛着を持ち、割高な値段でも喜んで買ってくれる地域だ。また、空港でもキオスクを営業している。二〇一二年以降は東部の州でも出店してきたが、控えめな拡大にとどまっている。まず最初に、ショッピングモールで季節限定の移動式売店を始めた。需要が大きいいくつかの都市では店舗を開くこともあるが、一店舗当たりの投資額をおよそ三十万ドルに抑え、リスクを限定している。

価格を決める話し合い

バフェットは毎年、ハギンスと二人でキャンディーの価格を決めていた。価格を決める際には、より視野が広く、より金銭面で利害のある人物からインプットを得ることが重要だと彼は思っていた。経営者は価格を引き上げることに対してはあまり前向きではないのではないかと感じていた。なぜなら、

「経営者には一つの会社しかありません。彼の計算によると、価格を低くしすぎてもそれほど深刻な問題ではありません。ただ価格を高くしすぎれば、人生におけるかけがえのないものを台無しにしていると感じてしまうのです。そして価格を引き上げるとどうなるのかは、誰にも分かりません。経営者にとっては、まさにロシアンルーレットなのです。ただ複数の事業を手掛けている最高経営責任者にとっては、必ずしもそうではありません。そのためケースによっては、幅広い経験を持ち、現場から離れている人物が価格を決めるべきだと私は思います(89)」。

バフェットはシーズ・キャンディーズの価格支配力について次のような冗談を言っている。「あなたがシーズ・キャンディーズを保有しているとします。そして鏡の前に立って、『鏡よ鏡、今年の秋はキャンディーの値段をいくらにしたらいいですか?』と語りかけます。すると鏡は『もっと高く』と答えます。これこそがまさに優良ビジネスなのです[90]」。

価格支配力の例

一九七二年と十年後の一九八二年、この二つの年の売上高と利益に加えて、販売したキャンディーの量を見るだけで、シーズの価格支配力に対するバフェットとマンガーのこれまでの自信がいかに正しかったのかが非常によく分かる。

表20－1によると、インフレ率が百三十七パーセントだったその期間、一ポンド当たりのキャンディーの価格は百七十六パーセント上昇している。売上高は四倍に増えており、キャンディーの価格上昇が主な要因だが、店舗数が二十一パーセント、店舗当たりのキャンディーの販売量が十八パーセントそれぞれ増えたことも寄与している。

一店舗当たりの売上高はおよそ三倍に増えたが、利益は五倍以上になっている。商品の販売価格を引き上げたことが要因の一つだが、運営コストを大幅に抑えたことも寄与した。生産や

表20-1　シーズ・キャンディーズの1972年と1982年の価格、売上高、利益

	1972年	1982年	増加率（%）
キャンディーの販売量（ポンド）	1,700万	2,420万	42
売上高（ドル）	3,130万	1億2,370万	295
税引き後利益（ドル）	230万	1,270万	452
店舗数	167	202	21
キャンディー1ポンド当たりの売上高（ドル）	1.85	5.11	176
11年間のインフレ率			137
1店舗当たりのキャンディー販売量（ポンド）	10万1,800	11万9,800	18
1店舗当たりの売上高（ドル）	18万7,000	61万2,000	227

出所：チャールズ・T・マンガー、ドナルド・A・カーブル、ブルーチップ・スタンプスの年次報告書（1982年）、p34。インフレ率はinflationdata.comを参照。

物流、販売のあらゆる段階で素晴らしい管理が徹底されていただけではなく、地元における規模の経済も特に次の二つの側面において利益を押し上げた。

- 広告－例えば、集中的に出店しているサンフランシスコやロサンゼルス周辺では、一つの新聞広告、一つのテレビ広告を出せば大半の顧客の目にふれることになる。
- 物流－キャンディーはサンフランシスコとロサンゼルスの二つの工場から出荷されるが、配達先であるほとんどの店舗が工場から百マイル圏内にあった。

マンガー（会長）とカープル（社長）は一九八二年のブルー・チップ・スタンプスの年次報告書で、シーズ・キャンディーズに対する熱い賛辞の言葉をしたためている。

「シーズは我々がこれまで買収した企業の中で最も素晴らしい企業です。かなり保守的な見方をしていた我々の期待を上回ってくれました。買収してから何年も経っている会社の将来性についてでさえ、我々が予言した未来はこれまで間違えてばかりでしたが、シーズの将来性についてもあまりに過小評価していました。買収を決断したこと自体がいま思えば幸運でした」。

「シーズが並外れた利益を実現しているのは、新規の顧客も常連客もそのキャンディーの味と舌触りを愛し、すべての店舗で非常に水準の高いサービスが受けられるからだと考えています。高価な天然の原料に異常なまでにこだわり、コストのかかる製造方法と販売方法を採用して厳しい品質管理と心温まる店舗サービスを保証しているからこそ、熱心な顧客がついてくるのです。一平方フィート当たりの売り上げの大きさという形でその成果は現れていいます。競合他社の二倍から三倍にもなり、贈り物を受け取る人はもっと高額なブランドの商品よりもシーズのチョコレートに目がないのです」。

一九九〇年代初頭、シーズは二百十八の店舗を展開していた。それ以降、店舗の数を増やすのではなく、逆に十数店舗を閉鎖した。すべての店舗で満足のいく使用資本利益率を上げることにこだわった結果だ。買収してから二十年が経過しても、シーズは極めて効率的な経営を続け、一九九一年時点で正味有形資産はわずか二千五百万ドルだった。当初の資産は八百万ドルであるため、収益から再投資に回ったのはたった千七百万ドルだということだ。それでも利益は一九七一～一九九一年にかけて十倍に増え、税引き前で四千二百四十万ドル、税引き後で二千万ドルを超えた。この二十年の間、シーズは株主になんと四億千万ドルも還元したのだ。

こうした数字を見れば、いかにシーズの経営の質が高かったかが分かる。使用資本は三倍強に増えただけだが、利益は十倍になった。余った利益はブルー・チップとバークシャー・ハサウェイが手にし、ほかの企業への投資に活用することができた。その方がキャンディーを食べる人が割高な料金を払ってくれない地域に新規出店するよりも、満足のいく利益率を実現できる可能性は高い。バフェットは二〇一四年の株主への手紙の中で、こうして手元に残った資金を効率的に配分するには、厳格な客観性が必要であることを強調している。

「もちろん、可能であれば我々はキャンディー事業を拡大するためこうした資金を賢く活用したいと考えていました。ただ、いろいろと試してはみましたが、ほとんど無駄に終わりました。そのため、無駄な税金やフリクショナル・コスト〔注：手数料など金融取引にかかる費用〕を負担することなく、シーズが稼いだ余剰資金をほかの企業の買収資金に当てたのです[91]」。

一九九九年にはシーズ・キャンディーズの営業利益率は二十四パーセントに達した。食品業者としては桁外れの利益率だ。一九七二年〜一九九九年末にかけて、計八億五千七百万ドルもの税引き前利益を上げた。いつものように冗談を交えつつ機知に富んだ言葉で、バフェットはシーズの成長ぶりについて言及している。

「チャックは毎年、良くなっています。四十六歳でシーズを引き継いだとき、同社の税引き前利益は単位を百万として彼の年齢のおよそ十パーセントでした。今では彼は七十四歳ですが、その割合は百パーセントに増えました。この公式――ハギンスの法則と呼びましょう――を発見した今では、チャーリーと私はチャックの誕生日を考えただけで喜びで目がくらんでしまいます[92]」。

ハギンスはその後も順調に記録を更新していった。（一九七二年から）二〇一四年末までに、同社の税引き前利益は合計で十九億ドルに達した。つまり、二千五百万ドルで買収した同社のおかげで、バフェットとマンガーは税引き後でおよそ十億ドルもの利益をほかの会社の投資に活用することができたのだ。そして投資先の企業も巨額の利益を上げ、ほかの会社への投資資金として利用できる。バフェットは一連のプロセスを「うさぎの繁殖」(93)のようだと表現している。

バフェットが考える良い企業とは?

ここで読者の方に質問:AとB、どちらの方が良い企業ですか?

企業Aは昨年、税引き後利益が二百万ドルだった。企業Bも同じだった。

企業Aの正味有形資産はたった八百万ドルだったが、企業Bの正味有形資産はその五倍の四千万ドルだった。

両社の利益成長率は同じだと予想されている。つまり二十年後、両社の税引き後利益は二千万ドル(今の十倍)になる。その間も毎年、両社は同じ額の利益を報告する。

読み進む前に、今ここで選んでください。

バフェットのロジック

企業Aはキャンディーの製造・販売業者で、企業Bは鉄鋼業者だ。企業Bは優良なニッチ分野で利益率の高い製品を製造しているため、年次報告書で報告する利益は企業Aと同じペースで成長させることができる。

売り上げと税引き後利益を十倍に増やすために、企業Aは正味有形資産を九×八百万ドル＝七千二百万ドル追加投資する必要がある（具体例で分かりやすくするための仮定）ことに注意してほしい。つまり、二十年後には同社は八千万ドルの資産を使用している。

売り上げと税引き後利益を十倍に増やすために、企業Bは正味有形資産を九×四千万ドル＝三億六千万ドル追加投資する必要がある。例えば、製鋼所をさらに九棟増設しなければならない。つまり、二十年後には同社は四億ドルの資産を使用している。

企業Aはその二十年の間、企業Bよりも二億八千八百万ドル（三億六千万ドル－七千二百万ドル）多く株主に還元しても、最後の年に同じ年間利益を達成することができることになる。つまり、企業Aは保有する資産の価値が企業Bより低いものの、投資家にとっては企業Bよりも価値がある会社だということだ。投資家の需要をより満たしている、つまり事業で儲かった資金を株主に多く還元できるからだ。一方、鉄鋼会社はフランチャイズを維持して成長するのに、儲けた資金の多くを設備投資に使う必要がある。企業Bに関しては、多くの資金を投資に回す必要があるため、株主利益（売上高を減らさず、ビジネスフランチャイズを毀損せず、利益を生む投資計画を諦めることなく、株主に還元できる利益）が報告される会計上の利益（会計部門が毎年、年次報告書に記載するために計上する利益）より少ないのだ。

シーズ・キャンディーズから見るのれん

企業の本質を考える上で、会計上の数字は理解を深めるのではなく、むしろ惑わすことが少なくない。我々としては会計ルールに則った数字ではなく、経済的な本質を重視することが重要だ。

会計ルール上は通常、すべての負債を差し引いた資産の評価額を計算するために、買収した企業を査定するよう定められている。多くのケースで、この金額は実際の買収価格よりも低い。そこで会計担当者には問題が生じる。買い手企業の貸借対照表上では現金（もしくは自社株）が支払われているが、買収した企業の純資産の評価額は支払われた額よりも低い。つまり、価値が消失したように見えるのだ。

もちろん、価値は消失していない。買収の際に貸借対照表上の資産の評価額よりもかなり割高な値段で買うのには、至極真っ当な理由があるのかもしれない。例えば、その企業に優れたブランドがある、儲かる特許を持っている、もしくは顧客と確固たる関係性を築いているためだ。我々は評価額と支払額との差額をのれんと呼んでいる。

会計担当者はのれん、つまり支払額と評価額との差額を会計処理しなければならない。貸借対照表上では資産として記載される。会計ルール上は通常、のれんは毎年減少すると見なされ、徐々に償却すると定めている。シーズ・キャンディーズのケースでは、当時の会計ルールでのれんは四十年かけて毎年同じ額が償却されることになっていた。この会計処理により、利益と貸借対照表上の資産は四十年間、毎年減ることになる。

ところが、こうした処理は経済的な本質を反映していない。ブルー・チップ・スタンプスはシーズに二千五百万ドル支払ったが、同社の正味有形資産はたったの八百万ドルで、利益は二百万ドルだった。多くの企業と同じように、シーズ・キャンディーズの正味有形資産（の評価額）に対するリターンは市場利回りよりもずいぶん高く、税引き後で二十五パーセント（八百万ドルの資産に対して二百万ドルの利益）に上った。

いかにしてシーズは高い利益率を実現したのか？

この質問に答えるには、もう一つのタイプののれんについて触れなければならない。それは判など）を合わせたものが経済的のれんだ。経済的のれんを勘案することで、価格にプレミアムが生じるのだ。顧客の評判が消費者フランチャイズを生み出し、消費者フランチャイズが経済的のれんを生み出す。

会計担当者から見ると、ブルー・チップはシーズ・キャンディーズを買収するために正味有形資産よりも千七百万ドル多く払っている。この差額は毎年四十二万五千ドルづつ、四十年かけて償却しなければならず、その間に損益計算書上の利益は同額分減ることになる。

（投資家など）企業を評価する人間としては、経済フランチャイズが弱まっているのかどうかを見極める必要がある。シーズのケースでは、利益は成長し続けた。例えば、一九八三年の税引き後利益は千三百万ドルだったが、驚くべきことにわずか二千万ドルの正味有形資産でその利益を計上したのだ。つまり、たとえ会計担当者が会計処理上、のれんを（一九八三年までにおよそ千二百五十万ドルに）償却していても、シーズの経済的のれんは**減少していない**と言える。顧客は今でもシーズのキャンディーをひいきにしており、経済的のれんは今でも増え続けている。会計上の数字がいかに企業の本質から乖離しているかがはっきりと分かるだろう。

のれんを考える際には経営者と投資家には従うべきいくつかのルールがあり、会計的な観点と経済価値的な観点は分けて考える必要がある。

- ある事業単位の利益を見る際には、のれんの償却とアモチゼーション（特許など無形固定資産の価値の減少や天然資源の減耗償却などを計上するための毎年の償却）を無視し、レバレッジのない（借入金を差し引いた）正味有形資産に対する利回りを重視しよう。こうすることで、のれん償却などの会計上の歪みを取り除き、事業の本来の強みと経済的のれんの現在価値を正確に判断することができる。
- ある会社の買収を決断する際には、アモチゼーションを無視しよう。アモチゼーションを利益から差し引くべきではない。つまり、のれんは元の評価額のまま変わらないと見なすということだ。
- 企業買収の費用は、買収する会社の会計上の価値ではなく、現金であれ買い手企業の自社株であれ、支払ったすべてのものの本質価値の合計と見なすべきだ。買収した企業がたとえ非常に優れた企業であっても、その企業の経済的のれんに実際の価値以上の金額を支払ってしまえば、買い手企業には価値をもたらさないだろう。

learning Point

学習ポイント

1. サプライヤーが多く、競争の激しい市場から原材料を買い、価格支配力を持っている市場で製品を売るようにしよう。 コモディティー化している市場（多くの業者が同じような製品を売っている市場）で原材料を買い、自社のブランドをひいきにしてくれて、割高な値段でも喜んで買ってくれる顧客に売る。これこそが「ビジネスの世界で変わらない成功の秘訣です……四十年前にシーズ・キャンディーズを買収して以降、このやり方で莫大な利益を稼いできました(94)」とバフェットは述べている。

2. 大切な経営者をいつも称賛しよう。 バフェットはチャック・ハギンスの仕事ぶりと「彼の品質と友好的な接客サービスに対するおどろくべきこだわりが顧客、従業員、株主の利益となった(95)」ことにいつも注目していた。

3. 顧客の心の中にあるものを評価しよう。 シーズは西海岸の人々の心をつかんでいた。同社は「貸借対照表上には現れない大きな資産を持っていました。

広範囲かつ永続性のある競争優位であり、それこそが圧倒的な価格支配力の源泉となったのです[96]」。

4．少ない資産で高いリターンを求めよう。 シーズは少ない額の設備投資しかせずに、利益を大幅に増やした。まさに驚くべき組み合わせだった。

5．フランチャイズには費用を惜しまない。 バフェットとマンガーは当初、正味有形資産の価値を大きく上回る買収価格をシーズに払うことに乗り気ではなかった。今になって考えれば、資本利益率が高いシーズには二千五百万ドルでも安かったということだ。

6．学び続けよう。 バフェットはシーズの並外れた成長を見て、強力なブランドの価値をますます高く評価するようになった。この経験が後に、ほかの多くの投資での成功につながるのだ。

1974

[第21の投資]

ワシントン・ポスト

Washington Post

新たな投資哲学ここに極まる

▶投資先……ワシントン・ポスト
▶投資時期…1974年~現在
▶取得価格…(当初は)1060万ドル
▶株数………発行済株式総数の9.7パーセント
▶売却価格…複数の企業の株式と交換
▶利益………数億ドル

一九六〇年代後半以降、バフェットは手頃な価格の株式を探しながらフラストレーションを感じていた。彼は自分自身を無人島に取り残されセックスに飢えている男にたとえた。

一九七〇~七三年にかけて、バークシャー・ハサウェイのためにいくつかの銘柄を買ったものの、ただポートフォリオの価値が減少するのを目にするだけで、直後の結果は芳しいものではなかった。「年末には普通株式の保有で千二百万ドルを超える大きな含み損を抱えていました」[97]。

当時のバフェットにとっては落ち込むような結果だったのかもしれないが、割安だと思って買った銘柄をミスター・マーケットが再評価してくれないことが多い我々にはいつも励みになるエピソードだ。いずれにせよ、我々は己の原則を曲げてはならない。企業の価値はいずれ株価に反映されるのだから。

一九七四年初頭、ポートフォリオの現在価格が取得価格を大きく下回ったことを受けて、バフェットはBHの株主に次のように語った。「それでも企業の本質価値という観点から考えると、我々の普通株式のポートフォリオは取得価格と比べて大きな価値を持っています。年末の時点では大きな含み損を抱えていますが、長期的にはそのポートフォリオから満足のいくリターンを得られると予想しています」(98)。この言葉から、バフェットがミスター・マーケットの価格を価値の基準としては考えていないことがよく分かる。

バフェットは当時、物事が思うようには捗っていないと感じていたはずだ。BHの株価は一九七三年半ばに八十ドルを超え、一九七〇年の四十ドルからは上昇していたものの、新聞は同社の株価の掲載すらしていなかった。株式のポートフォリオはまだ大きく上昇していなかったものの、業績の一部は好調だったため、バフェットは満足していた。一九七二年と七三年には、BHの営業利益は千百万ドルを超えた。保険事業と再保険事業の引き受けビジネスが「非常に好調」で、調達コストのない資金であるフロートを提供していただけではなく、事業での利益も大きかった。イリノイ・ナショナル・バンクは毎年のように過去最高の業績を更新した。織物事業でさえ「設備投資の規模にふさわしい(99)」利益を上げていた。

それに加えて、投資ポートフォリオ全体では一九七二年だけで六百八十万ドルの利益を上げた。主に債券からの利益だった。ＢＨの一株当たり純資産価値は一九六四年末時点の十九・四六ドルから一九七三年には七十ドル超に増加した。

これほど会社が好調だったにもかかわらず、株主総会にはほとんど誰も出席していなかった。オマハでの総会に参加してくれた株主のうち、二人はコンラッドとエドウィンのタフ兄弟だった。コンラッドはバフェットと一緒にグレアムの授業を受けた間柄だった。少なくともこの三人がいれば、会話は途切れなかった。三人は投資について何時間でも話し込んだ。ＢＨの株主総会では今でも質疑応答が一日中続くが、その伝統を始めたのがこの三人だったのだ。当時との大きな違いは、今では株主総会に四万人もの人々が出席しているということだ。

ニフティー・フィフティー

一九七〇年代初頭にはマーケットは流行熱に侵され、株価が異常な水準まで上昇しており、バフェットは投資するのが困難だと感じていた。時価総額の大きい人気の五十銘柄を買うことこそが、賢明なやり方に思えた。長期保有できる手堅い成長株を保有することで、安心して眠りにつくことができる。こうした銘柄は安定性があり、すでに急成長することが証明されていることから、ワン・ディシジョン銘柄〔注：買った後は放置しておけばいい銘柄〕と呼ばれて

図21-1　ダウ平均株価（1968〜75年）

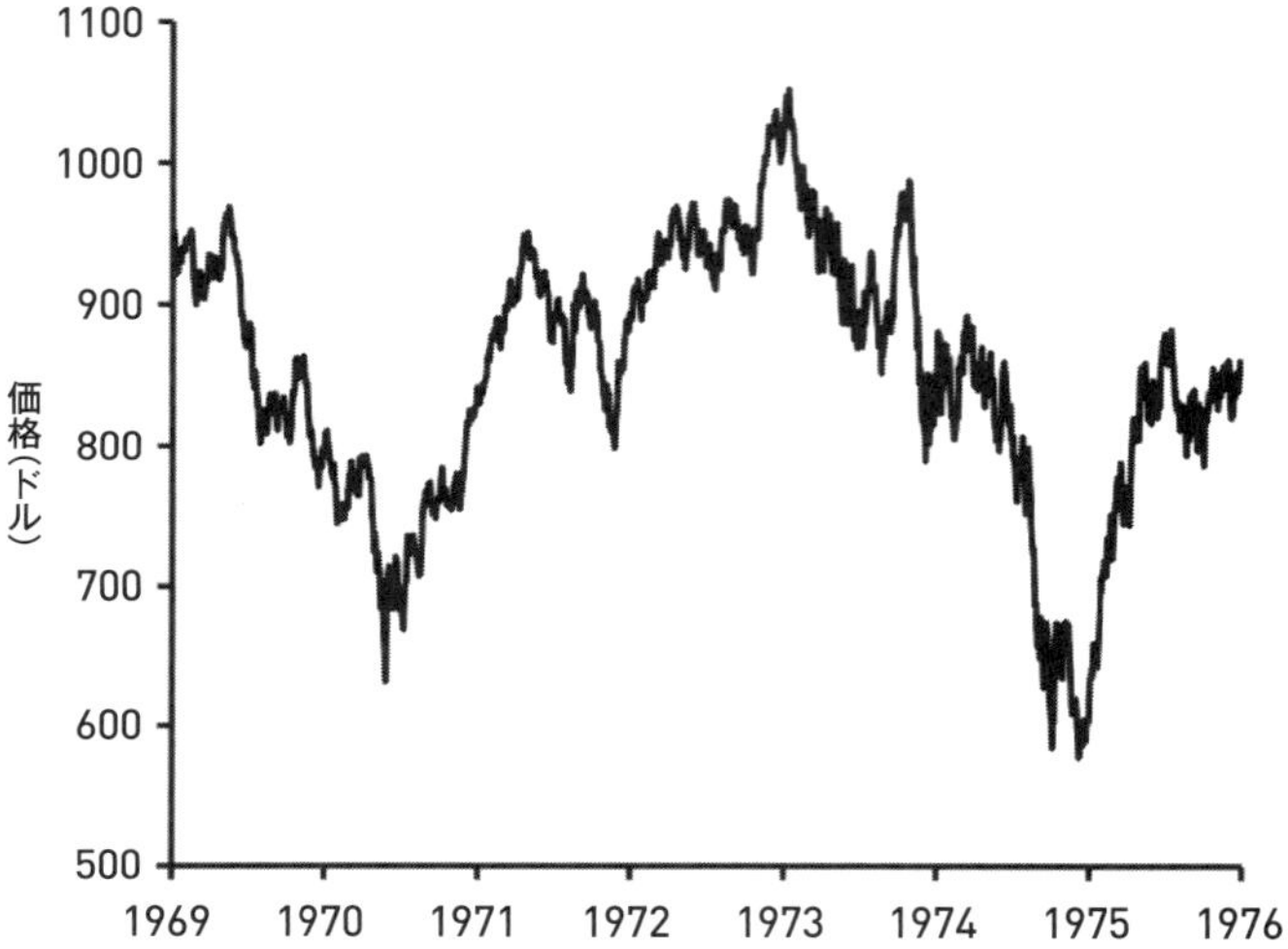

いた。実際、決して売ってはいけない。

ところがこうした銘柄の多くは、株価収益率（PER）が五十倍を超えていた（平均で四十二倍）。果たして二パーセントの株式益回りの銘柄を買うことがまともなことだと言えるだろうか？　ここでは成長という言葉が鍵を握る。これらの企業は一株当たり利益がものすごいペースで増加するため、高い株価が正当化されるのだ。決して買い手を失望させることはない。こうした感情がマーケットに浸透したことで、大半の銘柄がバフェットにとっては割高に思える状況に至った。

ニフティー・フィフティー銘柄にはエイボンやポラロイド、ゼロックスなどが含まれる。これらが優れた企業であることに疑いの余地はないが、果たして優れた投資対象と言えるだろうか。一九七二年後半における三社のPERはそれぞれ六十一倍、九十五倍、四十六倍だった。一九七三年初頭にダウ平均株価が約千ドルから九百ドルに下落したことで投資家の自信がやや揺らぐと、五十パーセント下落する銘柄も出てきた。

そして一九七四年、ついに本物の下落相場が訪れる。わずか二年間で株式市場は約五十パーセントも暴落したのだ。エイボンは一九七四年に付けた底値で見ると、下落率が八十六パーセントに達した。ポラロイドは高値から九十一パーセント下落し、ゼロックスも七十一パーセント下げた。図21－1はこの期間のダウ平均株価の推移を示している。

根拠なき熱狂の期間、バフェットは無為に過ごしたわけではない

一九七三年初頭、事業資金が必要だったわけではないが、バフェットはソロモン・ブラザーズを雇ってBHのシニア債を発行し、二千万ドルを市場から調達した。過去の負債九百万ドルを返済するのが資金用途の一つだったが、残った資金は来るべきときのために、株式市場への投資余力をつくる目的だった。二十社の機関投資家がそのシニア債を購入し、償還期限は一九九三年だった。

一九六〇年代後半から一九七〇年代初頭にかけて、それほど多くの銘柄を買うことはできな

かったにもかかわらず、バフェットは銘柄分析に没頭していた。一九七三年と七四年に株式市場が下落すると、非常に優れた企業の一部を割安で買うことができる機会が訪れた。その時点でバフェットは準備万端だった。雌伏の期間に準備を怠らなかったため、彼はこれから買う企業の質を理解していた。

一九七四年半ばになると、非常に悲観的な見方が投資家の間で広がり、人々は景気後退と十二パーセントのインフレが同時に襲う事態（**スタグフレーション**）に戦々恐々としていた。ところがバフェットは全く落ち着いていた。素晴らしきひとときを堪能していたのだ。ほかの投資家が投げ売りする銘柄を拾うことができ、ワクワクしていた。これまで彼が何度も言ってきたように、「他人が強欲なときに臆病になり、他人が臆病なときに強欲になりましょう」。

「見てみろ、外には美しくて裸同然の女の子がたくさんいるぞ！」という見出しのついたアンソニー・シンプソンによるインタビュー記事の中で、バフェットは「株式市場の現状をどう見ていますか？」[100]という質問を受けている。

彼はすぐに次のように答えた。「ハーレムに囲まれた性欲あふれる男のような気持ちです。今こそ投資を始めるときです」。

一九七四年の状況はバフェットに一九五〇年代初頭を思い出させていた。バリュー投資家にとって投資機会にあふれていた時期だ。米国人の投資通の間では、バフェットは卓越した知識を持つ投資家として敬意を集めていた。誰もが熱に浮かされていた一九六〇年代後半に、バフェットは早くもマーケットの動きは理性を欠いていることを公に指摘していた。そのことで彼の評価はさらに上がった。また、バフェットは口だけではなく、投資事業組合の資産を清算するという大胆な行動にも出ていた。マーケットを何年も大きくアウトパフォームした後に、そうした先見の明を披露したのだ。

バットを振らなくてもいい

フォーブズが記事で述べているように、「バフェットは一九二八年に持ち株を売却し、一九三三年までは釣りをしていた伝説の人物のようだ……彼は一九六九年から一九七四年まで実際に『釣りに行っていた』のだ。『投資は世界で最も優れたビジネスだと思います。なぜならバットを振らなくてもいいからです』と彼は言う。『バッターボックスに立つと、ピッチャーがゼネラル・モーターズを四十七ドル、USスチールを三十九ドルで投げてきます。ただ、ストライクと叫ぶ人は誰もいません。機会損失以外の罰はないのです。一日中、自分の好きなボールが来るのを待てばいいのです。そして野手が寝ている間に足を前に踏み出して、その球を打てばいいのです[101]』」。

バフェットは上手に株を買うために必要とされる大切な気持ちの上での姿勢を教えることで、

ほかの投資家の役に立とうとしたのだ。いつも冷静で、忍耐強くあるべきだというのが彼のアドバイスだ。過熱したマーケットが落ち着くのを待つとき、そして優れた銘柄を買うときにも必要となる心構えと言える。高い価値はいつの日か市場価格に反映される。その日までただじっと待てばいい。

ワシントン・ポスト

バフェットが十代のころに貯めた九千八百ドルの大半は、ワシントン・ポストの配達で稼いだお金だった。一九四〇年代、当時十三歳だった彼はそのために早起きしていた。その小さな手元資金がどんどん大きくなって、創業一族を除くとバフェットがワシントン・ポストの筆頭株主になる日がくるとは、誰が想像できただろうか?

一九七三年の春から夏にかけて、バークシャー・ハサウェイが満期二十年のローンノートを発行して集めた資金の一部を使って、バフェットはワシントン・ポスト・カンパニーの株式を買った。取得費用は千六十万ドルで、株式の九・七パーセントを保有した。同社は有力紙のワシントン・ポストだけではなく、週刊誌のニューズウィーク、四つのテレビ局、二つのラジオ局、印刷工場、製紙工場も所有していた。すべてを合わせた企業価値は四億〜五億ドルになるとバフェットは推定したが、ミスター・マーケットが提示している価格は一億ドルだった。

取得前

キャサリン・グラハムは予期せぬ形でワシントン・ポスト・カンパニーの経営者の役割を担うはめになった。当時四十六歳で、その役割を進んで受け入れることはできなかった。内気で遠慮がちで自信もなく、それまで主に情熱を傾けてきたものと言えば、母親としての役割と家庭の切り盛りだった。経営や編集の仕事に関しては全く素人で、次の世代の子供たちに遺産を残すための責務としてその仕事を引き受けたのだ。

一九三三年、彼女の父親が倒産した同社を買い、非公開の家族企業として経営することになった。その後、グラハムの夫であるフィリップ・ケイが経営を引き継いだ。ところがケイが一九六三年に自殺したため、グラハムが社長に就くことになったのだ。当時はワシントンで三番手の新聞にすぎなかった。

同社の株式がニューヨーク証券取引所で取引されるようになったのは一九七一年。当時も一家がA株〔注：議決権が多く付与される株式〕を保有することで会社の支配権を維持し、資金を集めるときは一株当たりの議決権がかなり少ないB株を発行した（B株の株主は最大でも取締役の三割しか選ぶ権利がなかった）。

優秀なジャーナリズムと恐れを知らない編集者のリーダーシップ。この二つがワシントン・

ポストの原動力となった。例えば、ニクソン政権はベトナム戦争の発端に関して一般大衆を欺いていた。政権にとっては不運なことに、政府の意思決定の証拠がペンタゴン・ペーパーズとして知られるようになる文書の中に収められていた。政権側からの激しい怒りや訴訟に直面しながらも、ワシントン・ポストはその内容を紙面に掲載した。

その翌年にもホワイトハウスとつながりのある複数の人物から受けた暴力による間接的な脅しをものともせず、調査報道専門の記者がウォーターゲート事件に関する記事を書き、ジャーナリズムとして大勝利を収めた。ワシントン・ポストは明らかに大衆から敬意を集める対象であり、ピューリッツァー賞の数（合計で四十七度）がそれを物語っている。国内でも海外でも尊敬される新聞に成長した。

ワシントン・ポスト紙はその信頼性と質の高さで世界的に知られていたものの、一九七三年当時、会社の将来性は落ち目にあると考えられていた。ホワイトハウスから激しい敵意を持たれていたため、ウォール街ではそうした見方が広がっていたのだ。利益のおよそ三分の一を占めるフロリダの二つの放送局の許認可権が剥奪されるという話もあり、株価は下落した。

ワシントン・ポストに対するバフェットの評価

一九八五年、バフェットは次のように述べている。「ワシントン・ポスト・カンパニーの本

表21-1　ワシントン・ポストの貸借対照表（1972年12月、百万ドル）

現金	10.2
流動金融資産	19.6
売掛金	25.2
棚卸資産	3.8
前払金	2.9
流動資産の合計	61.8
負債の合計	−81.9
正味流動資産価値	−20.1

出所：ワシントン・ポスト・カンパニーの年次報告書（1972年）

質価値について、ほとんどの株式アナリスト、メディア担当の株式仲買人、そしてメディアの幹部は我々と同様に、四億～五億ドル程度と計算していました。そうした中でも、同社の株式市場での価値は一億ドルと日々公表され、我々はそれを目にしていたのです(102)」。

バフェットのこの言葉は買収して十二年経過してから発言されたものであり、私は彼に少し異議を唱えたいと思う。この言葉には多少の後知恵バイアスが入っているのではないだろうか。投資して成功したからこそ、一九七三年当時を振り返った際、買収額よりもはるかに高い価値があることが誰の目にも明らかなように思えたのかもしれ

表21-2　ワシントン・ポストの売上高と純利益（1965～72年、百万ドル）

	売上高	税引き後利益
1965	108	7.7
1966	123	8.6
1967	131	7.1
1968	147	7.7
1969	169	8.5
1970	178	5.1
1971	193	7.2
1972	218	9.7

出所：ワシントン・ポスト・カンパニーの年次報告書（1972年）

ない。ところが実際は、その当時は決して明らかなことではなかった。
表21－1は一九七二年の年次報告書に掲載された数字をまとめている。これらの数字を基に、あなたが同社を評価していたと想像してみてほしい。

正味流動資産はマイナスであることから、ベンジャミン・グレアムの正味流動資産（NCAV）アプローチに従って投資を決断したわけではないことは明らかだ。それでは、売上高と純利益の推移はどうだろうか？　表21－2に数字をまとめている。

バフェットが一九八五年に主張して

表21-3　ワシントン・ポストの営業利益（1971～72年、百万ドル）

	1972	1971	伸び率
新聞	10.2	8.7	17%
雑誌と書籍	5.7	2.7	107%
放送	5.9	3.8	58%

いたように、四億～五億ドル近くの企業価値があることがこれらの表から見て取れるだろうか？　私には見て取れない。

純利益はわずかに増加しているものの、それほど大幅な増加ではない。しかも毎年千万ドル以下だ。つまり、PERは四十～五十倍ということになる。ほとんどのバリュー投資家にとっては鼻血が出るような高さだ。

表21－3にまとめてある一九七二年の数字をもっと詳しく見てみよう。

こちらの伸び率の数字を見ると、少し理解できるようになる。何かものすごいことがこの会社で起きていたのか

表21-4　ワシントン・ポストの売上構成（1971～72年、百万ドル）

	1972	1971
広告収入	166	148
販売収入（読者や視聴者から集める料金）	47	42
その他	4	3

もしれない。営業利益がいかにしてこれほど大きく伸長したのか？　どこかの企業を買収したのだろうか？（買収はしていない）。

もし買収していなければ、いかにしてこれほどの自立的成長を成し遂げたのか？　さらにこれらの事業基盤は今後数十年間、維持可能なものなのか？もしそうであるならば、私は十倍を大きく上回るPERを受け入れることができたかもしれない。

その年の出来事や定性的要因を見る前に、表21－4にほかの重要な数字をまとめた。

同社の売上高の四分の三以上を広告

収入が占めている。自分自身を例えば、家具店の広告担当者やウィスキーのブランド戦略部長の立場に置いてみよう。市内の発行部数の六割以上を占める新聞と市場シェアがわずかしかない新聞。一番広告を載せたい媒体はどちらだろうか？

もちろん、最も影響力のある新聞に広告を載せるためなら、はるかに高額な広告料金でも喜んで払うだろう。つまり最も影響力のある新聞は長い年月にわたって、編集や経営にそれほどお金をかけなくても、収入を大きく増やすことができる。テレビ広告にも最有力のニュース週刊誌であるニューズウイークにも同じ論理が当てはまるのだ。

それぞれの媒体のフランチャイズはどれほど強力なのか？　各部門をそれぞれ見ていこう。

一九七二年のワシントン・ポスト

一九七二年七月、ワシントンの新聞市場は大きな変化を迎えた。ワシントン・デイリー・ニュースが発行を停止したのだ。つまり、ワシントン・ポスト・カンパニーの一九七二年の年次報告書の言葉を使わせてもらうと、「米国で最も成長が早く、住民が最も裕福で、最も教養があり、最もニュースに飢えた」この重要な都市にたった二つの日刊紙、ワシントン・ポストとワシントン・スター・ニュースしかなくなったということだ。

二紙のうちではワシントン・ポストが有力で、広告の六十三パーセントを占め、成人の五人のうち三人が毎日読んでいた。日曜版に限れば、成人の三分の二がワシントン・ポストを読んでいたのだ。過去十五年で同紙の発行部数は三分の一増え、日曜版の発行部数はなんと三分の二も増加した。

つまり、質の高いジャーナリズムに対する需要が高まっている米国で最も影響力のある都市において、最も有力な新聞だということだ。年次報告書で書かれているように、「広告と販売部数の増加は今後も続くことが見込まれる」。モートがそれほどしっかりしており、成長の見込みも高いのであれば、昨年の利益に対する倍率がミスター・マーケットが提示していた十倍より高い価格でも、私なら喜んで払うだろう。

次の質問について考えてほしい。一九七三年にワシントンでワシントン・ポストに対して競争を挑むくらいなら、グリズリーと格闘するほうがましだろうか？　もしその答えがイエスなら、同紙は強力な経済フランチャイズを持っているということだ。ほかのどの媒体に広告主が広告の掲載をお願いするだろうか？

ニューズウィーク

ニュース週刊誌の分野ではタイムと並んで最も有力だったのがニューズウィークだ。広告に限れば、ニューズウィークの方が優勢だった。一九七二年に広告収入は過去最高の七千二百五十万ドルまで増加した。米国市場では週に二百七十二万五千部が売れた。また、そのほか百五十カ国において三十七万五千部が売れた。出版事業のニューズウィーク・ブックスにも進出し、一九七三年までには「規模が大きく、儲かる事業」に成長していた。[103] ニューズウィーク部門の利益は一年間で二倍以上に増えた。

再び質問。あなたは競合会社を立ち上げて、数十年かけて読者からあれほど高い認知度と敬意を築き上げてきたニューズウィークに対して競争を挑みたいと思いますか？

放送事業

一九七〇年代当時、テレビ局はそれぞれの地元において独占・寡占力が与えられており、まさに金のなる木だった。一九七二年末時点でワシントン・ポスト・カンパニーは四つのテレビ局を傘下に持ち、さらに五つ目のテレビ局を買おうとしていた。また、二つのラジオ局も傘下に抱えていた。（おそらく、高い広告料によってもたらされていた資本利益率の潜在力を当局に警戒させないように）一九七二年の年次報告書ではフランチャイズの強さを控えめに述べている。「我々の四つのテレビ局と二つのラジオ局はそれぞれの市場で健全な競争ポジションにいます。一九七三年も第1四半期を過ぎましたが、私は極めて楽観的です……報道や番組の制作と会社の業績、いずれの点でも新たな成功のステージに向かって羽ばたくための出発点にようやくたどり着きました」。

これらのテレビ局やラジオ局と競合したくても、それは不可能だろう。なぜなら政府から許認可権を得られないからだ。

新たな投資哲学、ここに極まる

今回のケーススタディで分かることは、バフェットは一九七三年には経済フランチャイズの強さと経営の質に非常に大きな価値を見出していたということだ。いずれも将来の大きな利益成長期待につながる要素と言える。ワシントン・ポスト・カンパニーの買収を決定する際には、大きな負債や流動性リスクがないという点以外では、貸借対照表の中身はほとんど考慮されなかった。

シーズ・キャンディーズのケースでは、貸借対照表の中身にも多少影響された部分があったが、ワシントン・ポスト・カンパニーのケースでは、フランチャイズの将来性があまりに魅力的だったため、財務の状況が危険ではないということを確認するだけで十分だった。ニューズウィークやワシントン・ポストに対する読者の高い評価や地元のテレビ局やラジオ局に対して視聴者が抱く心情的な愛着など、バフェットが重視した点の九十五パーセントは定性的要素だった。それに加えて、配当額はここ数年で二倍になり、取締役も健全な成長見通しを表明していた。

バフェットは愚かなほど楽観的だったのか？

結局、四億～五億ドルという評価について、バフェットが正しかったのか間違っていたのかはそれほど大きな問題ではない。

彼はワシントン・ポスト・カンパニーを時価総額が一億ドルのときに買っている。本来の価値が二億ドルであろうが五億ドルであろうが、十分な安全性マージンがあったということだ。少なくとも二億ドルの価値があるという評価に対しては、誰も異論はないと思う（ホワイトハウスがワシントン・ポストを廃刊にしないと仮定すればだが）。つまり、時価総額が一億ドルであれば、本来の価値の半額かそれ以下の価格で買えたということだ。

フランチャイズと経営の質の高さを考えると、千六十万ドルで買って、十パーセントの利益と配当を得るのであれば、非常に安全な投資と言える。

取引

一九七三年春の終わりごろにワシントン・ポストの株式を五パーセント強まで買い増した後、バフェットはキャサリン・グラハムに手紙を送り、持ち分をもっと増やしたいという意向を伝えた。乗っ取り屋が会社を家族の手から奪い取り、政治目的で利用するために編集に圧力を加えるのではないかと恐れ、グラハムはこのオマハからの手紙に対して良い感情を抱かなかった。

手紙の中ではことさらジャーナリズムの質の高さを称え、バフェットが子どものころからずっとワシントン・ポストを称えてきたことにも触れていた。バフェットが手紙に込めた温かさがグラハムの気持ちを少しなだめたものの、不安は完全には払拭されなかった。取引所で売り買いされているB株にはほとんど議決権が付与されていないため、バークシャー・ハサウェイがいくら多くの株式を取得したからといって、論理的には彼女が会社の支配権を失うことはないと友人や相談相手がグラハムに説明した。たとえ買い手がB株の過半数を取得したとしても、その買い手にできることはせいぜい取締役の席を一つ確保することだけだ。A株をすべて握っているのは依然、彼女なのだ。

バフェットがキャサリン・グラハムを味方につける

グラハムはバフェットと会うことに合意した。彼の知性と礼節、ユーモアが彼女を魅了するのにそれほど時間はかからなかった。秋に行われた二回目の会合では、バフェットは買収は選択肢にはないことを明確にした。彼はグラハムを魅了し、二人は生涯の友人になった。

バークシャー・ハサウェイは千六十万ドルでワシントン・ポストのB株四十六万七千百五十

株を取得した。同社はその直後に株式分割し、保有株数は九十三万四千三百株となった。一九七九年には再び株式分割し、百八十六万八千六百株に増えた。その後に自社株買いを実施し、バフェットの保有株数は少し減った。一九七三年には、（A株とB株を合わせて）全体で四百八十万株が流通していた。

グラハムを安心させるため、バフェットは彼女の承認なしにはこれ以上株式を買い増さないことに書面で同意した。バフェットがほとんど議決権がない企業の株式を快く買っている点に注目してほしい。経営の鍵を握る人々のことを信頼していれば、その企業を支配できるのかどうかは気にしない。バフェットは後に、グラハムの息子であるドナルドにバークシャー・ハサウェイの代理人として同社が保有するワシントン・ポストの議決権を行使してもらう取り決めを交わした。ドナルドは非常に聡明で信頼できるとバフェットは思ったのだ。

株式取得後に何が起きたのか？

その後すぐ、バフェットが四億～五億ドルの価値があると考えた企業はミスター・マーケットの機嫌の悪さを目の当たりにする。負債が少なく、強力なフランチャイズを持つこの企業の時価総額は、およそ一億ドルからわずか八千万ドルまで下落したのだ。バフェットが推定した本質価値の五分の一だ。放送の許認可権を剥奪すると脅されたウォーターゲートの後遺症に続いて、深刻なストライキが重なった。ストライキの間、グラハムとバフェットは隣同士並んで、新聞を束にまとめ、荷札を貼った。午前三時まで働く日も少なくなかった。ボロボロになり、疲れ果てて家に帰った。

やがてストライキは収束し、ニクソン政権が崩壊したことで、事態は正常に戻った。ただ、バフェットが取得した水準までワシントン・ポスト・カンパニーの株価が回復するのに三年かかった。

グラハムはオマハから来た新たな友人を非常に頼りにした。ビジネスと投資に関して、バフェットが多くの知恵を貸してくれることにすぐに気付いたのだ。バフェットも自分のそれまでの経験と合理性を喜んで活用してもらった。また、いかに彼女が賢明であるかを伝え、大きな自信を持たせた。バフェットは本当にそう思っていたのだ。二人の関係は非常に親密だったため、彼女はバフェットにウォール街の専門家に向けたスピーチを書くのを手伝ってもらった。バフェットはまた、グラハムに会計についての個人授業を提供した。

今回も、バフェットは自分が投資した会社のキーパーソンを見つけ、その人物と友情を育み、リーダーとして育てていることが分かる。彼はグラハムの経営判断にけちをつけることはなかった。ただ、求められればアドバイスをし、良い仕事をすれば称賛し、困難な決断をしなければならないときには耳を貸した。

今回のケースでは、バフェットは株主として本物の権力は持っていたわけではなかったが、グラハムが相談相手として、また腕利きの実業家として彼のことを信用していたからこそ影響力を行使できたのだ。バフェットの影響力が強まる中、一九七四年秋には取締役に選任され、彼の社内での影響力はさらに盤石になった。バフェットは取締役の仕事を心から楽しんだ。新聞配達の少年として仕事を始めた過去があり、今では配達していた新聞を発行する会社でリーダーシップを発揮する立場にいる。そうした経緯がなおさら仕事を面白いものにしていた。彼はジャーナリズムに魅了されており、投資の道に進んでいなければ、おそらくジャーナリストになっていただろうとまで述べている。

バフェットは取締役会議の前に月に一度、親友の一人としてグラハムの自宅に泊まった。彼女の四人の子どもとは顔なじみになり、子どもたちは叔父のようにバフェットを慕った。

バフェットは一九八六年、ワシントン・ポストの取締役を退いた。非常に優れた業績を上げていたメディアグループ、キャピタル・シティーズをバークシャーが買収しており、その会社の取締役になりたかったからだ。同一人物がテレビのネットワークを持つ会社とケーブルテレビを持つ会社、両方の会社の取締役に就くことをメディア当局は許可しなかった。バフェットは取締役でなくても、ワシントン・ポスト・カンパニーに対する影響力を維持できると考えていた。キャピタル・シティーズをディズニーに売却した一九九六年、バフェットはワシントトン・ポストの取締役に再び戻ることになる。

絹の財布を手放さない

一九八七年、バークシャーは保有銘柄のほとんどを売却した。保有を継続したのは三銘柄だけだった。そのうちの一社がワシントン・ポストだ。一九八七年の株主への手紙の中で、市場環境のせいで株価が割高な水準まで上昇したにもかかわらず、これら三銘柄だけを保有し続ける理由を説明した。「我々はこれらの企業を業績の良い我々の子会社だと思っています。ミスター・マーケットが十分高い価格を提示してくれたときに売却する商品ではなく、永久にバークシャーの一部であると見なしているのです」。このアプローチがチャーリー・マンガーとバフェットの性格には合っており、彼らの望む生き方にも合っているとバフェットは述べている。多少の金銭的なリターンを失っても、バフェットは心から好きで称賛できる人々と働きたかったのだ。

保有を続けた三銘柄とは、五億ドル強を投資していたキャピタル・シティーズ／ABC（一九八七年時点では十億ドルの価値があった）、四千五百七十万ドルで取得し、一九八七年には七億五千七百万ドルの価値のあったガイコ、そして一九八七年には三億二千三百万ドルの価値のあったワシントン・ポストだ。

子会社化目的の買収であろうが、市場で取引されている企業の株式の一部を買う場合であろうがロジックは変わらない。「いずれの場合も、我々は長期的に有望な経済力のある企業を買うよう努めています。我々が目指すのは良識的な価格の卓越した企業を探し当てることです。割安に売られている平凡な企業ではありません。絹から絹の財布を作ることが我々ができる最善の仕事だとチャーリーと私は気付きました。雌豚の耳から作ろうとすると、我々は失敗するのです」[104]。〔注：cannot make a silk purse out of a sow's ear（雌豚の耳から絹の財布はできない）ということわざがある。価値のないものからは価値のあるものはできないという意味〕

ワシントン・ポストがもたらした利益

千六十万ドルの投資で買ったワシントン・ポストは、二〇〇五年には時価総額が十三億ドル以上に増加した。そこには毎年支払われた配当は含まれていない。ただそこに至る過程で、バフェットがどれほどミスター・マーケットに対して辛抱強くなければならなかったのか。そのことに注意してほしい。株式市場がワシントン・ポストの価値をバフェットが一九七三年に推定した四億～五億ドルと評価するのに一九八一年までかかったのだ。ワシントン・ポストが一九七三～二〇〇八年までにBHにもたらした利益を図21－2にまとめている。

ご存じのように、新聞業界はこの十年の間、厳しい事業環境が続いており、ワシントン・ポ

図21-2　ワシントン・ポスト・カンパニーがBHにもたらした利益

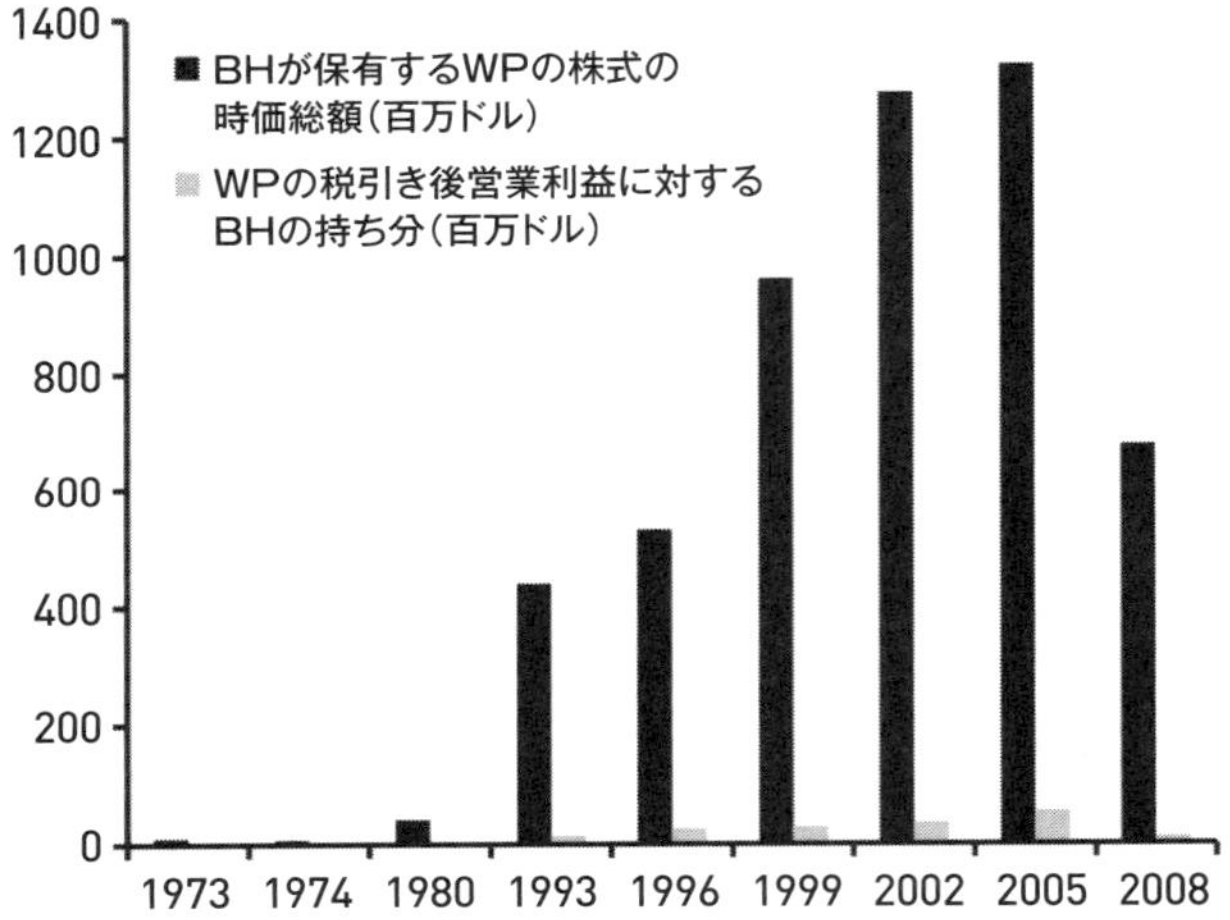

出所：バークシャー・ハサウェイの会長からの手紙、ワシントン・ポスト・カンパニーの年次報告書

ストの株価もその間に下落している。

近年の下落を勘案しても、同社への投資はバフェットが投入した金額の何倍ものリターンを生み出している。例えば、二十一世紀に入るころには一株当たり年間配当額がバークシャーが一株当たりに支払った金額まで増えている。今日でもバークシャー・ハサウェイはテレビ局の収益から利益を得ている。

図21－3にはワシントン・ポスト・カンパニー（今はグラハム・ホールディングスに改名）の一九九〇～二〇一六年の株価を載せている。バークシャー・ハサウェイは（株式分割を勘案して）一株当たりおよそ五ドルで取得した。

図21-3　ワシントン・ポスト・カンパニーの株価（1990〜2016年）

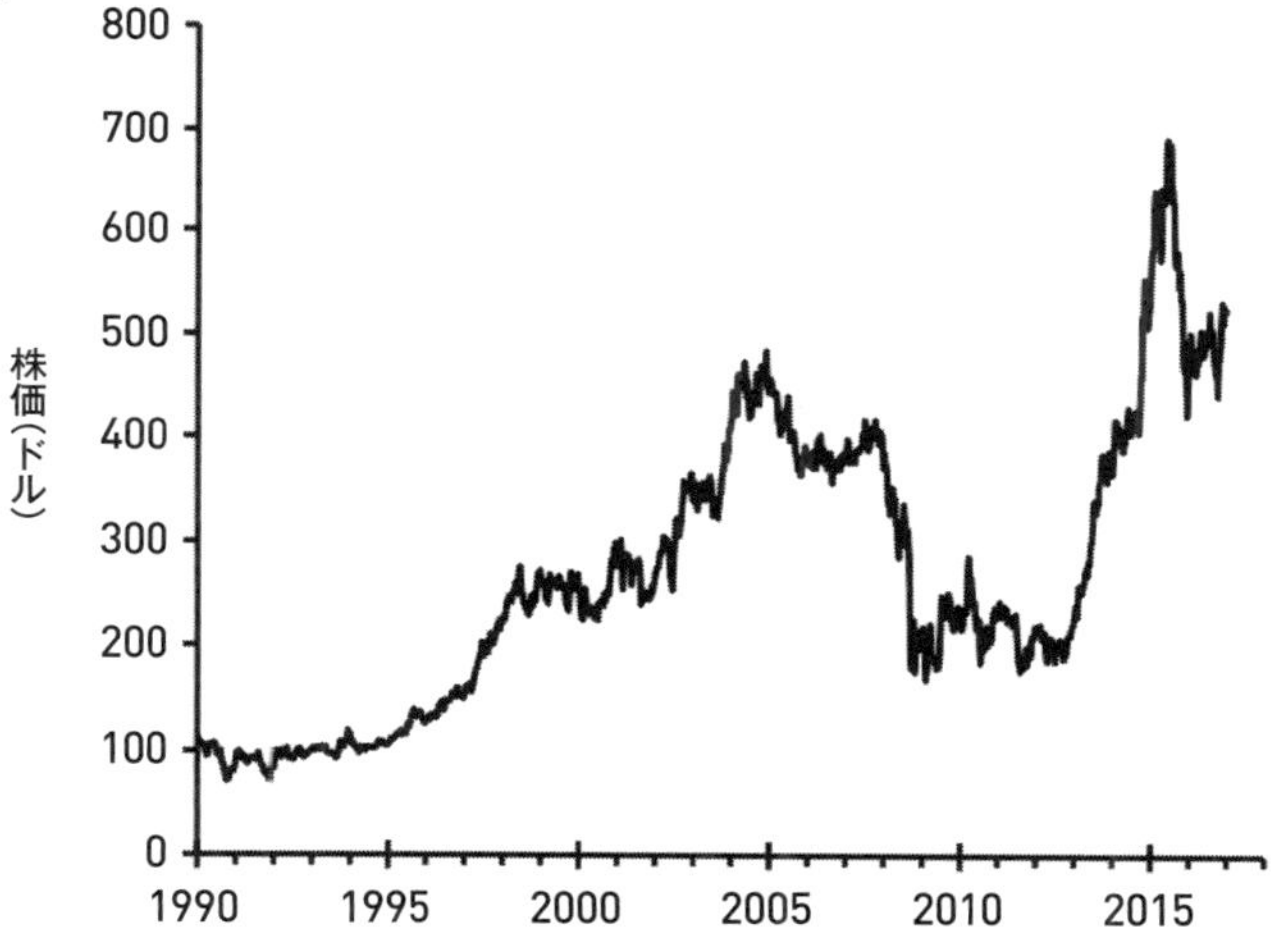

出所：ヤフーファイナンス

バフェットの経営テーマ

ワシントン・ポスト・カンパニーの取締役として、バフェットは優れた経営のあり方についての彼の考えをほかの経営陣と共有することができた。会社を形成する上で、バフェットがどのような貢献を果たしたのかについてこれから見ていくことにする。

自社株買い

バフェットが強く求めたことの一つは自社株買いだ。株価が十分に低い水準にあるとき、会社が株式市場から自社株を買い戻すのは非常に理にかなった行為だとほかの取締役を説得した。

自社株買いをすれば、一株当たり利益は上昇し、残った株式の一株当たりの価値を引き上げる。株主に帰属する将来の年間利益の割引現在価値をより少ない株数で分け合うことになり、一株当たりの現在価値を増やすことになるからだ。

自社株買いは保守的に見積もった会社の本質価値を株価が下回ったときに可能な手法だ。その元手となる資金は現金か良識ある借り入れによって賄わなければならない。もちろん、企業内で価値を創造している事業への投資資金が必要でない場合に限る。長い時間をかけて、ワシントン・ポストの株式のおよそ半分が買い戻された。その結果、株式を買い増すことなく、バークシャー・ハサウェイの持ち分は一九七三年の十パーセントから一九九九年には十八パーセントに増えた。

買収とベンチャー企業

バフェットはまた、人気のあるメディア事業の買収合戦に参加し、高額な値段でつかまされる状況に陥らないよう取締役会をけん制した。新聞の肩書やテレビやケーブルテレビの許認可権を求める需要が過熱しているときに、単純に他社と張り合う必要はないからだ。現金をそのまま保有しておいた方がいいのだ。

バフェットのこうした極度の倹約志向やキャサリン・グラハムに対する影響力の強さに対し

て、拡大志向の強い多くの古参幹部たちはフラストレーションを感じていた。ただバフェットの考えでは、新たなビジネスアイデアやベンチャー企業はワシントン・ポスト・カンパニーという会社が手を出すべきものではなかった。強力かつ永続性のあるビジネスフランチャイズを土台にして、低いリスクで株主利益を生み出せる企業であり、うまくいくかどうかも分からない新規のアイデアに投機するような企業ではないと見ていたのだ。

例えば二十四時間ニュースチャンネルなど、メディア業界やテクノロジー業界の人がかなり将来性があると考えるような事業でも、バフェットはその事業が自分の専門領域ではないと感じれば慎重だった。経営幹部の誰もがきちんと理解できていないと思ったときはなおさらだ。

確かに機会を逃すこともあったが、ワシントン・ポスト・カンパニーの多種多様な事業の資本利益率は高く、つまり投資に対するリターンも非常に良かった。不確かな未来に山を張るゲームに参加し、間違った馬に賭けて賭け金をすべて失う。そんな不安を抱えなくても、高いリターンは得られるのだ。

バフェットは会社に明確な競争優位を持つ事業領域だけに専念させることにも非常に熱心だった。そうすることで、価格支配力と高い資本利益率が生まれるからだ。投下した資本すべてに対して満足のいくリターンが得られると合理的に確信できる新規事業に投資するためだけに、企業は生み出した余剰資本を手元に残すべきだ。残りの資金はすべて、ほかの会社に投資してもらうために株主に還元すべきだ。売上高や時価総額、利益などを尺度とした規模の拡大は目標ではない。あくまで高い資本利益率が目標なのだ。

こうした考え方のもと、ワシントン・ポスト・カンパニーの事業形態はバフェットが株を取得し始めたころから数十年間、ほとんど変わらなかった。スポーツ雑誌などいくつかのアイデアを試したことはあったが、元々あったワシントン・ポストやニューズウィーク、いくつかのテレビ局などのフランチャイズと比較すれば取るに足らない事業だった。昔からの事業が引き続き利益の大半を占めた。

なくてはならない企業

バフェットはワシントン・ポストについて「なくてはならない企業」だと述べている。その産業、もしくは産業の一分野で支配的な存在であり、投資家が保有するには理想的なタイプの会社だ（適正な価格で取得できればの話だが）。その並外れた競争力から、今後数十年間、その支配的な立場を維持できると合理的に期待されることがより大切になる。

あなたが調査している企業が「なくてはならない企業」かどうかを正しく把握する一つの方法は、あなたが無人島にこれから十年間住むと想像してもらえばいい。あなたが無人島から帰ってきたとき、その企業はまだその産業において支配的な存在だろうか？　ケロッグはおそらく十年後もシリアルにおいて支配的な企業だろう。コカ・コーラは飲料において、ジレットはかみそりにおいて、キャドバリーはチョコレートにおいて支配的であるはずだ。彼らの競争力の源泉は消費者の心の中にあるものに由来しており、そうした愛着は数十年経っても変わらない。

一方、アップルはスマートフォンで、ＢＭＷは自動車で、ウォルマートは小売りで引き続き支配的な存在だろうか？　意見は分かれるところだが、引き続き強力な企業である確率はかなり高いが、なくてはならない企業と見なされるほどの確率ではない。なぜなら消費者がほかの商品に浮気する可能性もかなり高いからだ。スマートフォン市場は市場を破壊するような新たな技術革新に対して脆弱で、高級車市場には買い手が選べる多くの競合他社がひしめき、ＢＭＷは毎年そのゲームのトップでなければならない。ウォルマートやほかの昔ながらの小売事業者は言うまでもなく、アマゾンの攻勢にもさらされている。

ドナルド・グラハム、第二のキーパーソン

グラハムの息子であるドナルドが会社に入ったのは一九七一年、彼が二十六歳のときだった。末端の記者として仕事を始めた。彼はハーバード大学を卒業し、ベトナム戦争も経験した元警察官だった。順調に出世の階段を昇り、取締役副社長になった後、新聞社のトップになった。

その間ずっと、母親のキャサリンはワシントン・ポスト・カンパニーの会長兼CEOを務めた。ドナルドが持ち株会社のCEOを継いだのは一九九一年、会長を継いだのは一九九三年だった。彼は見た目は控えめで、穏やかな経営スタイルの人物だったが、豊富な経営知識と並外れた記憶力を備えていた。

ドナルドは友人であるバフェットに対して非常に敬意を抱いており、彼の考え方に大きな影響を受けていた。ドナルドが重要な経営判断をする際には、バフェットはいつも近くにいて相談に乗った。彼のリーダーシップのテーマは我々には馴染みのあるものだ。

- 短期的な利益ではなく、長期的な株主に対するリターンを重視する。
- 常にコスト削減を心がけ、余分なものは買わない（例えば、社用車は保有せず、職場に敷くカーペットは安物）。
- 信頼でき、権限を委譲できる経営者を探す。
- 時間をかけて育成し、昇進させることで、自分の周りを固める幹部を育てる。
- 企業を買収する際にはその企業の質に見合った金額は払っても、決して払いすぎてはいけない。そして企業は長期間、保有する。
- 余剰資金があり株価が安いときは、会社に自社株買いをさせる。

フランチャイズの価値を失う

なくてはならない企業でさえ、いずれは支配的地位を失う。ワシントン・ポストがまさにそのケースだった。新たな広告メディアであるインターネットや二十四時間ニュースチャンネルの台頭が、ワシントン・ポストのフランチャイズの競争力を奪ってきた。

数十年間は順調だった。バークシャー・ハサウェイが株式を取得してから十四年後の一九八八年、ワシントン・ポスト・カンパニーは二億六千九百万ドルという驚くべき純利益を叩き出した。十四年前には、時価総額がわずか八千万ドルだったということを忘れてはならない。一九九八年のピークには、純利益は四億千七百万ドルに達した。

ところが世界中の多くの新聞と同様に、市場を破壊する新たなテクノロジーの力には抗えず、ワシントン・ポスト・カンパニーの卓越したフランチャイズもその競争力を失った。新聞と雑誌出版部門は利益を生み出せなくなったのだ。当初はその衰退も緩やかだったが、二十一世紀に入ると新聞売り上げは減少を続け、コスト削減の努力も虚しく会社は赤字に陥った。

二〇一〇年にはニューズウィークがシドニー・ハーマンに一ドルで売却された。年金債務など同社が抱える負債もまとめて引き取ってもらう取引だった。二〇一三年にはアマゾンの創業者であるジェフ・ベゾスがワシントン・ポストを買収した。同紙はグラハム家による経営でも存続することはできたものの、ベゾスが持つテクノロジーとマーケティングの手腕が加わったほうが経営がより改善するというのがグラハム家の下した結論だった。ベゾスは二億五千万ドルを支払い、伝統的なジャーナリズムの独立性は維持すると誓った。

残った事業は何か？

ニューズウィークとワシントン・ポストを売却した後でも、同社の持つ価値はほとんど変わらなかった。すでに長い間、ワシントン・ポストとニューズウィークは会社の稼ぎと株主価値の創造にほとんど寄与していなかった。ドナルド・グラハムのリーダーシップのもと、ワシントン・ポスト・カンパニーは引き続きケーブルテレビ、テレビ局、オンラインビジネス、印刷業、地方のテレビニュース会社を保有していたが、収益の柱となっている事業は教育とトレーニングを手がけるカプランだった。一九八四年に四千万ドルで買収した同社は、二〇〇七年には時価総額が三十億ドルに達していた持ち株会社の売り上げの約半分を占めていた。ワシントン・ポストを売却したことから持ち株会社の名前を変更したほうが賢明だという判断から、会社名をグラハム・ホールディングスに変更した。

バフェットが動く

二〇一四年三月、バークシャー・ハサウェイはグラハム・ホールディングスとある取引に合意した。バークシャーはマイアミのテレビ局、WPLGを保有することになり（バフェットは二〇一一年にワシントン・ポスト・カンパニーの取締役から退任していた）、グラハム・ホールディングスが数年前に取得していたバークシャー株と現金も受け取った。

バークシャー・ハサウェイが保有していたグラハム・ホールディングスのクラスB株およそ百六十万株と交換する形でそれらの資産を受け取ったのだ。その当時、百六十万株は発行済株式総数のおよそ二十八パーセントに当たる。つまりグラハム・ホールディングスはバークシャーから自社株を買い取った上で、現金のみで支払うのではなく、自社が保有していた貴重なフランチャイズの一つをバークシャーに手渡したのだ。バークシャーもグラハム・ホールディングスから自社株を受け取っているため、事実上、自社株買いを実施したことになる。取引の後でも、バークシャーはグラハム・ホールディングスの株式をおよそ十二万七千株保有していた。

その取引においてバフェットが手放した株式の価値はおよそ十一億ドルだった。四十年前にワシントン・ポスト・カンパニー株を取得するために支払った千六十万ドルの何倍ものリターンをバークシャーはすでに得ていた。さらに今回の取引で、バークシャーはテレビ保有世帯数が百六十六万世帯もある、米国で十六番目に大きい市場をカバーする有力なテレビ局を手に入れた。ＷＰＬＧはウォルト・ディズニー・カンパニー傘下のＡＢＣの系列会社だ。

すでに見てきたように、バフェットはワシントン・ポスト・カンパニーへの投資を何十年間も継続した。一九八六年のバークシャーの株主への手紙の中で、バフェットは数年間、数十年間も継続して保有することのメリットを指摘している。投資に対してそうした姿勢を貫くことで、

- 株式を思わず手放したくなるウォール街の気まぐれな瞬間に惑わされないで済む。
- 一時的な経営問題に直面しているときに強い心を維持することができ、理性を欠いた不安を持つこともなくなり、長期にわたり関心を継続することができる。
- 一九八六年のコンピューターとソフトウェア、その後のインターネット、もしくは最近のソーシャル・メディアなど、新しい企業コンセプトに熱中しすぎないで済む。
- 本物の投資家になる時間を持てる。つまり、企業の本質を分析する時間がある。熱に浮かされたトレーダーにはできないことだ。
- 事業に関心を持つ協力的な大株主がいて、急に株式を売却して逃げ出すことがないと分かる

ことで、事業を運営している経営者にとっては安定かつ信頼できる環境が整う。そうした環境でこそ、長期的な価値の創造を目標にして事業を計画できる。経営者の心理面に与えるこうした影響を過小評価すべきではない。彼らは株主に対して誠実になり、お互いの理解が深まる長期にわたる交流と腹を割った関係性を重視するようになる。

手紙の中で、バフェットは次のように書いている。

「我々が保有する三つの代表的な銘柄であるキャピタル・シティーズ／ABC、ガイコ・コーポレーション、そしてワシントン・ポストはこれからも保有し続けるつもりだと言っておくべきでしょう。これらの銘柄に関しては、たとえかなり割高になったとしても、売却するつもりはありません。我々が考える企業価値を大きく上回る買収価格を提示されても、シーズやバッファロー・イブニング・ニュースを売却しないのと同じです。（中略）……死が二人を分かつまでの方針を貫き通すつもりです。チャーリーと私の二人が安心できる唯一の方針なのです。その方針はきちんと成果を出しており、我々の子会社の経営者も我々が投資した企業の経営者も余計なことに振り回されずに経営に集中できるやり方なのです」[105]。

学習ポイント

1. 企業の本質価値を推定する際には一時的な問題には惑わされず、フランチャイズの強さに目を向けよ。

2. ある企業の株式を買った後に株価が下落しても落ち込むな。その企業の本質価値はおそらく変わっていないだろう。むしろ上がったかもしれないのだ！

3. 使用資本利益率が高いようであれば、その銘柄を持ち続けよ。含み益が出たからといって慌てて売ってはいけない。

4. 株価が十分に低いとき、自社株買いを行うのは株主にとっていいことだ。残った株式の一株当たりの価値は上がり、一株当たり利益が上がる。

5. 人気のある事業の買収合戦に参加して、高値でつかまされるな。もしほかのみんなが熱くなっていても、熱くならなくていい。

6．なくてはならない企業は（適正価格で買えたとき）保有するのに理想的なタイプの企業だ。その業界や業界の一部で支配的な立場にあり、その並外れた競争力から今後何年もその立場を維持する可能性が高い。

7．（新聞など）**質の高い経済的フランチャイズも失われることがある。**そのため、強力なフランチャイズをまだ持っている新たな事業に資本を配分できるようあらかじめ準備しておこう（ワシントン・ポストのケースではテレビ局や教育など）。

8．ポートフォリオを頻繁に変えるな。ポートフォリオを構成する銘柄を頻繁に変えあると、証券会社と税務署は喜ぶが、あなたの財産は失われる。

1974

[第22の投資]

ウェスコ・ファイナンシャル

Wesco Financial

社内の資源を賢く活用
ミニ・バークシャーへ変ぼう

- ▶投資先……ウェスコ・ファイナンシャル
- ▶投資時期…1974年～現在
- ▶取得価格…一株当たりおよそ17ドル
- ▶株数………当初は発行済株式総数の64パーセントをおよそ3千万ドルで取得
- ▶売却価格…現在も保有
- ▶利益………20億ドル以上

ウェスコ・ファイナンシャルは非常に興味深いケースと言える。買収後、もともと手がけていた事業はうまくいかなかったものの、バフェットとマンガーは三十年以上をかけて、社内にあった経営資源を賢く活用して成果をあげたのだ。保有する資金の大半を住宅ローンを提供する傘下の貯蓄貸付会社の成長に投じていたやり方を変え、バークシャー・ハサウェイの手法に倣い、保険などほかの柱となる事業を買収・構築し、RJレイノルズからウェルズ・ファーゴまで、企業の株式、債券、優先株にも投資していった。

実際にバフェットの信奉者の多くは、複数の完全子会社（特に保険会社）を傘下に抱え、多くの有価証券に投資しているその経営手法から、ウェスコのことをミニ・バークシャーと呼んだ。ポートフォリオを構成する保有銘柄の多くも重複している。バフェットとマンガーに便乗したい個人投資家にとって最も魅力的なのは、バークシャーの株価は数万ドルなのに対して、ウェスコは数千ドルで買えることだ。つまり、より少ない手元資金で投資できるというわけだ。

ウェスコの株主にはチャーリー・マンガーが司会を務める株主総会に招待されるというボーナスも加わる。カリフォルニア州パサデナにあるウェスコのカフェテリアで開催される株主総会を終えた後、参加者は必ずインスピレーションに満ちた珠玉の知恵をお土産にもらって、会場を後にすることができる。

事業内容

ウェスコ・ファイナンシャルはミューチュアル・セイビングズとローンズ・アソシエーション・オブ・パサデナの持ち株会社だ。ルドルフ・W・キャスパースが一九二〇年代に設立し、第二次世界大戦後の建設ブームの波にうまく乗り、一九五九年にアメリカン証券取引所に上場した。

上場から一九七二年までは、コスト意識は高く、しっかりと利益も出しており、素晴らしい経営がなされていると見られていた一方で、活力を失い、急速な成長を見込めない会社とも思われていた。株価は十ドル台前半で漂っていた。

そのころ、主要な株主はルドルフ・W・キャスパースの子孫たちで、彼らの保有する株式を合わせても過半数には届かなかった。中でも主導的な立場にあったのはエリザベス・ベティー・キャスパース・ピーターズだった。彼女は取締役会のメンバーだったが、そのほかにも四十七歳の彼女は学齢期の子どもたちの世話をしたり、肥沃なナパ・バレーの農地を管理したりしていた。現在でも取締役会のメンバーであり、九十歳になっている。この物語のもう一人のキーパーソンはルイス・R・ヴィンセンティだ。彼は一九五五年にウェスコに入社した。瞬く間に出世し、一九六一年には社長になった。

バフェットとマンガーが興味を持つ

バフェットは一時期、貯蓄貸付会社に大きな関心を持ち、数百社のレポートを読み、財務内容を調べたことがあった。一九七二年の夏、ウェスコ・ファイナンシャルの時価総額は三千万ドル以下で、純資産価値のおよそ半分だった。バフェットとマンガーは同社におよそ二百万ドルを投資して、八パーセントの株式を取得するようブルー・チップ・スタンプスに指示を出した。

一九七二年下半期、ベティー・キャスパース・ピーターズは取締役会に対してもっと積極的に行動し、会社を成長させるよう発破をかけた。ところが、ほかの取締役は彼女のアドバイスを冷たくあしらい、まるで彼女を侮っているかのような態度だった。そのときのフラストレーションから、ピーターズはもっと取締役が積極的な会社と合併させることを考えるようになった。ファイナンシャル・コーポレーション・オブ・サンタバーバラは彼女の期待に添う相手に思えた。積極的に支店を開設し、より成長するための手を次々と打っていた。まさにピーターズがウェスコでやるべきだと考えていたことを概ね行っていたのだ。

不利な提案

一九七三年一月、ウェスコはサンタバーバラ・セイビングズ・アンド・ローンと合併する方針を発表した。ベティー・キャスパース・ピーターズは相手が提示したのが必ずしもそれほど素晴らしい条件ではないと分かっていたが、何か手を打たなければならないと感じていた。

ウェスコの株式を八パーセント保有していたブルー・チップのカリフォルニア本社とオマハにいる株主は、ウェスコの取締役が過度な譲歩をして自社に不利な比率の株式交換に応じてしまったと考え、激怒していた。そして合併を阻止するための計画をもくろんだ。

バフェットがウェスコ・ファイナンシャルを買収

バフェットとマンガーは両面作戦を考えた。まず第一に、ブルー・チップが保有しているウェスコの議決権を増やす必要があった。一株当たり最大十七ドルを支払って株式を買い増し、ウェスコの十七パーセントの株式を取得した（貯蓄貸付会社に対する二割以上の持ち分には規制当局の承認が必要だった）。第二に、取締役メンバーにこの買収は株主にとって最善の利益にはならないと説得する必要があった。マンガーはウェスコのＣＥＯ、ルイス・ヴィンセンティに面会を申し込んだが、取締役会が提案した後に株主が承認すれば、合併の話はこのまま前進すると丁重な説明を受けた。断られたマンガーは次に、ベティー・キャスパース・ピーターズを頼ることにした。まず最初にブルー・チップの社長、ドナルド・カープルがピーターズと話をしたが、彼は追い返された。次にバフェットが彼女に電話をかけた。幸運なことに、彼女はちょうどバフェットとグレアムに基づいた彼の投資哲学について書かれた『スーパーマネー』[106]を読み終えたばかりだった。その本の中で、バフェットは頭脳明晰でビジネスに関する知識が豊富な人物であると描かれていた。ピーターズもご多分にもれず感銘を受け、わずか二十四時間後にバフェットと会うことで話がまとまった。

二人はサンフランシスコ空港のラウンジで会った。すぐに意気投合し、ピーターズはウェスコには何らかの手を打たなければならないという思いをバフェットにはっきり伝えた。バフェットは他社と合併させるのではなく、自分にやらせてもらえないかと話を持ちかけた。彼は自分なら株主にもっと大きな価値をもたらすことができると確信していた。

ただ、もしバスにひかれて亡くなるなどバフェットに不測の事態が起きて経営ができなくなったらどうなるのか？　彼女と彼女の兄弟の株式は誰の手に渡るのか？　ご心配なさらないでください、チャーリー・マンガーが引き継ぐのにふさわしい人物ですとバフェットは説明した。バフェットはマンガーの知性と誠実さを非常に信頼しており、バフェットができなくなった後は、彼にバークシャー・ハサウェイの経営と家族の株式の運用を任せることにしていた。三時間後、ピーターズは合併計画を撤回するために取締役会を招集することで合意した。

マンガーも交えて行われた二度目の話し合いの後、ピーターズはほかの取締役のメンバーに二人と会って話をするよう積極的に働きかけた。ところがほかの取締役メンバーはこれ以上話し合いを続ける気はなく、合併をこのまま前進させたいという決意を感じさせた。彼女はいら立ち、株主である家族のほかのメンバーに合併に反対票を投じるようお願いした。

バフェットとマンガーが行動を起こす

合併計画は株主による投票で否決され、ほかの取締役は怒りをあらわにした。株価はおよそ十七ドルから十一ドルまで下落した。

バフェットとマンガーはすぐに行動に出た。まず、ウェスコの株式を二十パーセント以上取得できるように、いろいろな規制面での障害を克服した。続いて、ほかの株主に対して複数回の株式公開買い付けを実施し、ブルー・チップのウェスコに対する持ち分を二十五パーセントまで引き上げた。

二人が提示した価格は市場価格を上回る十七ドルだった。特に株式市場全体が低迷していたことを考えると、異常とも取れる行為だった。彼らが直後に安値で株式を拾うために合併を頓挫させたと思われないように、太っ腹とも言える価格を提示したのだ。

これには二人が日頃から、万人の良識や倫理規定に従って行動していたという側面もあるが、ウェスコの社長であるルイス・ヴィンセンティから尊敬と信頼を勝ち取り、彼のやる気を引き出さなければならないという理由もあった。二人にとってのウェスコにおけるキーパーソンは彼だとすでに認めていたからだ。

バフェットとマンガーは彼が提案していた合併計画をすでに台無しにしていた。少なくとも急落する前の株価でほかの株主に持ち株を手放してもらうことが、二人ができるせめてものことだった。そうすれば、ヴィンセンティが長年仕え、その多くが友人だった株主が、二人から公正に扱われていると思ってもらうことができる。二人は彼のことを率直で、如才なく、自立し、尊敬すべき人物だと見ていた。気難しい部分もあったが、彼には二人の長年のパートナーになってほしかった。ここでもパートナーシップという概念が登場する。その言葉には信頼、尊敬、誠実さ、互恵関係などの意味合いが込められている。

一九七四年上半期、ブルー・チップは十分な数の株式を取得し、ウェスコを子会社化したことを宣言した。ベティー・キャスパース・ピーターズは引き続き少数株主として残ったが、それは彼女にとってこれまでで最も幸運だと思えた決断の一つだった。ウェスコは大きく変ぼうしたのだ。

ウェスコでの初期の悪戦苦闘

バフェットとマンガーは一九七四年にウェスコの取締役会のメンバーに加わった。その間もブルー・チップは株式を買い増し、一九七四年末までには六十四パーセントまで持ち分を増やした。ベティー・キャスパース・ピーターズとの間で取り決めた上限である八十パーセントまで持ち分を増やしたのは一九七七年だった。

ウェスコの業績は好調だった。例えば、一九七七年にはブルー・チップに帰属する利益（税引き後利益の八十パーセント）が五百七十一万五千ドルに達した。三千万～四千万ドルという投資額を考えると、極めて高いリターンと言える。(107)

興味深いことに、利益を押し上げたのは貯蓄貸付ビジネスの業績改善だけではなかった。有価証券から得られたキャピタルゲインも大きかった。貸借対照表上では「子会社である貯蓄貸付組合以外にも大きな資産があり、ほかの事業への投資に利用できる」[108]ことを証明していたのだ。

翌年の一九七八年、ブルー・チップに帰属する利益（ウェスコの純利益の八十パーセント）が七百四十一万七千ドルまで急増した。貯蓄貸付組合の業績がたまたま非常に良かったからだが、残念ながらこれは長くは続かなかった。

ここで注意してほしいのは、バークシャー・ハサウェイは当時、ウェスコ・ファイナンシャル・コーポレーションの株式を八十パーセント保有していたブルー・チップの五十八パーセントの株式しか保有していないため、七百四十一万七千ドルの利益を丸々得ていたわけではない。つまり、バークシャーによるウェスコの利益の持ち分はおよそ四十六パーセントだったということだ。バークシャーがブルー・チップ・スタンプスを完全子会社化したのは一九八三年だった。

無情な展開

ウェスコが保有していた資金の一部を有価証券に投資していたことはすでに見てきたが、一九七九年二月までは傘下の事業会社は貯蓄貸付組合一社しかなかった。新たに傘下に加わったのが、シカゴの郊外に本社を構えていたプレシジョン・スチール・ウェアハウスという中西部の鉄鋼サービスセンターの会社だった。ウェスコはおよそ千五百万ドルで買収した。金属製品を売っていただけではなく、工作道具などの製品を自社のオリジナルブランドで製造・販売していた。

一九七八年の税引き後利益は百九十一万八千ドルで、千五百万ドルという買収価格はかなり安いように思えた。ところが、鉄鋼販売会社間の市場競争は熾烈で、どの業界よりも景気循環の影響を受けやすかった。買収してから数年間、利益は減少を続けた。当初はわずかな減少だったが、一九八一年の第４四半期には鉄鋼業界が深刻な不況に見舞われ、同社の利益も急減した。一九八二年には税引き後利益がわずか三十万ドルだった。

不況による業績の悪化に加え、マンガーとカープルが一九八二年のブルー・チップの株主への手紙の中で「事業判断のミス」と説明した行為が火に油を注いだ。そのミスとは小型の計量器具の販売ビジネスへの参入で、決して参入すべきではなかったと彼らは述べた。このプレシジョン・スチールの子会社は一九八二年に「多額の費用」をかけて清算された。かなり率直に言って、小さなコングロマリット企業にとっては決して幸先の良い船出ではなかった。

そうした激動の時期も乗り越え、ウェスコは現在もプレシジョン・スチールを保有している。

これまで飢饉で苦しむ年が多く、ごちそうを食べられたのは数年だけだった。例えば、一九九〇年代後半には税引き後利益が三百万ドルを上回り、目まいのするような水準に達する年が続いたが、その後にはほぼ収支トントンの年が四年間続いた。全体として見ると、同社への投資はバフェットとマンガーが主導した資金の使い方の中では、最も儲からなかったケースの一つだと見なすべきだろう。

貯蓄貸付事業での災難

一九八〇年代初頭には、ウェスコは経営に苦しんでいた鉄鋼事業ともともとの事業である貯蓄貸付ビジネス、そして有価証券の運用を手がけていた。その中でも、貯蓄貸付ビジネスが次第にバフェットとマンガーに経営上の課題を突きつけるようになった。一九八〇年春には早くも、ブルー・チップの経営責任者、つまりウェスコの経営責任者でもあるチャーリー・マンガーとドナルド・カーブルが、貯蓄貸付業界全体の将来性が悪化する可能性を警告していた。貯蓄貸付会社は通常、数十年に及ぶ固定金利の住宅ローンを借り手に提供していたことから、かなり深刻な問題が持ち上がっていたのだ。顧客から変動金利で預かっている預金がそうした住宅ローンの原資だった。さらに、預金者はすぐに預金を引き出すことが認められていた。

一九八〇年代初頭、インフレ率と市場金利が上昇していたことから、貯蓄貸付会社は預金を集めるために預金金利を上げ続けざるを得なかった。ところが住宅ローンは固定金利で契約していたため、預金金利の引き上げに伴うコストの増加を吸収するために金利を引き上げることができなかった。つまり、住宅ローンの借り手に課す利率が預金者に支払う利率を下回ることもありえる状況に陥ったのだ。多くの同業者は倒産した。

バフェットとマンガー、カープルが持っていた経済情勢に対する幅広い視野と様々な業界に関する深い見識のおかげで、ウェスコはこの危機を乗り越えるだけではなく、危機の後に成長するために必要な体制を確立することができた。彼らは早い段階でミューチュアル・セイビングズの利益は大幅に悪化すると気付いていた。そのため、一九八〇年三月にブレントウッド・セイビングズ・アンド・ローン・アソシエーションにミューチュアルの本社ビルと「通りの向かい側に開設する予定の本社のサテライト・オフィス」を除いたすべてのオフィスを売却したのだ。

売却前には、ミューチュアルには四億八千万ドル以上の預金があった。そのうちおよそ三億ドルはブレントウッドに移管され、ほぼ同額の住宅ローンも同時に移管された。こうした賢明な手を打ったおかげで、

- 嵐がまさに発生しようとするときに、貯蓄貸付市場へのエクスポージャーをおよそ三分の一

まで減らすことができた。

●支店の建物を売却することで、資金を獲得することができた。

●支店網がなくなったため、残った一億五千万ドルほどの住宅ローンを借りていた顧客やおよそ一億七千万ドルの預金を預けていた預金者に対応するための営業コストを減らすことができた。

●ウェスコに利益をもたらしていた現金や有価証券、預金の形で保有していた大きな資金（およそ一億四百万ドル）を安全に守ることができた。バークシャーの保険子会社やブルー・チップ・スタンプスの資産に加えて、バフェットとマンガーが自由に投資に活用できる大きな資金源の一つだった。

二人は貯蓄貸付業界の大きな危機を予見する先見性とミューチュアル・セイビングズへの悪影響を抑えるために必要な行動をとれる思い切りの良さを備えていた。非常に優れた資質と言える。同社がこれから大きく羽ばたくために必要な調整を行ったのだ。

変革が始まる

ウェスコが資産の売却で手にした資金の一部は株主の手に渡った。実際、ブルー・チップは

表22-1　ブルー・チップの平均保有額とミューチュアル・セイビングズの配当額に占める割合（1975〜81年）

年	ブルー・チップの連結貸借対照表に記載されたミューチュアル・セイビングズ株の平均保有額（百万ドル）	ミューチュアル・セイビングズが支払った年間配当額に占めるブルー・チップの割合（百万ドル）	ブルー・チップがミューチュアル・セイビングズ株の配当から得たリターン（%）
1975	12.0	1.9	16.1
1976	20.6	3.2	15.7
1977	23.9	3.8	16.1
1978	25.3	5.3	20.9
1979	25.6	6.7	26.3
1980	22.4	9.9	44.0
1981	18.8	1.9	10.2

出所：チャールズ・T・マンガーとドナルド・A・カープル、ブルー・チップ・スタンプスの会長と社長からの手紙（1981年）

一九八二年初頭までには、ウェスコの株式八十パーセントを取得するのにかかった資金の大半をウェスコから配当の形で回収していた。表22－1にその詳細を載せている。ウェスコからの配当で得た資金は優良企業に投資するなど（子会社化したケースもあれば、少数株主のケースもある）、非常に有効に活用された。

資金はウェスコが手元で管理する一方、ルイス・ヴィンセンティは残ったミューチュアル・セイビングズの事業経営において素晴らしい手腕を発揮した。マンガーとバフェットは彼のことを非常に称賛した。事業の効率化とコスト削減で高いリターンを達成しただけではなく、帝国意識の強い経営者たちには考えられないことをやってのけた。徐々に会社の規模を縮小したのだ。これもすべて、株主へのリターンを引き上げるためだった。ヴィンセンティは一九八三年に退任するまで、ほかの大半の貯蓄貸付会社が赤字になるときでも三百万ドル以上の年間利益を叩き出した。

資金をより有効に活用できる機会をほかの事業に見出していく中、貯蓄貸付事業は徐々にその重要度を失っていった。一九九〇年代後半には「貯蓄貸付時代の残滓」という不名誉な表題のついたウェスコの株主への手紙の中で、マンガーは貯蓄貸付事業について言及している。

非常に大きな置き土産

住宅ローンを提供していたもともとの貯蓄貸付会社はなんとか昔の面影を残していただけだったが、そこには数億ドルの価値を持つようになる置き土産が用意されていた。フェデラル・ホーム・ローン・モーゲージ・コーポレーション（フレディマック）の株式二千八百八十万株を七千二百万ドルで取得していたのだ。それらの株式は二〇〇〇年に売却され、「ウェスコが二〇〇〇年に計上した税引き後キャピタルゲイン、八億五千二百四十万ドルの大半を占めた」[109]。

一九七〇年代半ばには、ウェスコ全体の価値が四千万ドル以下だったことを考えると、もしフレディマック株の売却で得た八億ドルほどのキャピタルゲインが二〇〇〇年時点での同社の価値のすべてだったとしても、我々はそのリターンに満足したかもしれない。ところがそのころ、ウェスコはさらにもっと大きな価値を秘めていた。

ウェスコの保険事業

ウェスコの資産配分において最も重要な変化が起きたのは一九八五年。ファイアーマンズ・ファンドとの取引がきっかけだった。アメリカン・エキスプレスの元子会社である同社は、保険業界を知り尽くす経験豊富なジャック・バーンのリーダーシップのもと、一九八五年に上場した。バーンはバークシャー・ハサウェイが一九七〇年代初頭に子会社化した、当時倒産の瀬戸際だったガイコ（第2の投資を参照）の経営を立て直したとして、バフェットから尽きることのない称賛と感謝を受けていた。

バフェットのバーンに対する敬意は大きかったことから、ファイアーマンズ・ファンドが抱える全保険の七パーセントをカバーする再保険を（多少の例外を除いて）四年間、ナショナル・インデムニティが引き受ける契約を交わした。保険業界では比例再保険特約と呼ばれるものだ。つまり契約期間の間、バークシャー・ハサウェイ傘下の保険会社における損失と費用はファイアーマンズ・ファンドに一部左右されることになる。

その見返りに、ファイアーマンズ・ファンドは顧客から集めた保険料を、ナショナル・インデムニティにその都度渡す。そのため、七パーセントのリスクを負担する見返りに受け取る保険料がBHの資金になる。この資金はBHのフロートに加わり、投資資金として使えるのだ。当時、ファイアーマンズ・ファンドは毎年三十億ドルの保険料収入を得ていた（年を追ってさらに増えると見られていた）。つまり、三十億ドルのうちのおよそ七パーセント（二億千万ドル）がBHの懐に入る。もちろん、保険契約者が保険金を請求すれば、その分の資金がBHからファイアーマンズ・ファンドに渡ることになる。それでも保険契約者が保険料を納めて、事故が起きた際に保険金を請求するまでには通常、長い期間がかかることから、バフェットが投資資金として活用できるフロートは大きい。

ウェスコの役回り

ファイアーマンズ・ファンドとすべての保険契約を交わしたのはナショナル・インデムニティだったが、その七分の二をウェスコ・ファイナンシャル・インシュアランス・カンパニー（Wes－FIC）が引き継ぐことになった。新たに設立された保険と再保険を手がけるウェスコの子会社だ。

保険料の一部をウェスコに譲渡するファイアーマンズ・ファンドとの契約は一九八九年八月に終了したが、その後もウェスコは恩恵を受けた。一九八五〜一九八九年に保険料を納めた保険契約者に対する将来の保険金支払いに備えて、数千万ドルのフロートがＷｅｓ－ＦＩＣの資産として残ったのだ。一九九七年になっても、Ｗｅｓ－ＦＩＣは準備金として二千七百五十万ドルを保有していた。

チャーリー・マンガーは準備金として資金を保有できる利点を極めて良く理解していた。一九九七年のウェスコの株主に対する手紙の中で、彼は次のように語っている。「すべての保険契約期間が終わるまでの時間は長いです。その間、Ｗｅｓ－ＦＩＣはフロートを活用した投資から生み出される利益を何年間も享受することができるのです」。

Ｗｅｓ－ＦＩＣは引き続きほかの再保険業務を引き受け、その中には大小様々な比例再保険特約も含まれた。ファイアーマンズ・ファンド・グループと契約したような形式のものもあれば、異なる形式のものもある。Ｗｅｓ－ＦＩＣはウェスコの子会社のままだったが、間もなく本社をＢＨの保険業務の中心地であるオマハに移転した。一九九四年以降、Ｗｅｓ－ＦＩＣは事業を拡大し、スーパー・キャットと名付けられた（地震やハリケーンなど）災害向けの保険を始めた。このサービスは非常に高額な保険金の支払いに備える必要があるため、年間の保険料収入と比較して非常に大きな自己資本が要求された。

スタンダード・アンド・プアーズはウェスコに非常に感銘を受け、保険金支払い能力に関して最も高い格付けであるＡＡＡを与えた。ウェスコはそのころには、縮小していた貯蓄貸付事業に残った巨額の資金を（フレディマックなどの）有価証券に投資していた。また、バークシャー・ハサウェイとの関係から、世間的な評判においてアドバンテージがあった。

ウェスコの取締役会はバークシャー・ハサウェイの完全子会社と再保険契約を自動的に結ぶことを承認した。相互の信頼に基づいた両社の関係性、そしてＢＨが持つ保険引き受けに関する非常に高い専門性を評価した決断だった。こうした取り決めの利点はＷｅｓ－ＦＩＣ側にほとんど人手が要らなくなり、そのため費用があまりかからないということだ。保険サービスの販売や管理に必要な費用がほぼゼロになる。

不運なことに、スーパー・キャット事業ではあまり利益を出せなかった。二〇〇一年のツイン・タワーへの旅客機の衝突を受けて千万ドル以上の支払いが生じ、初期の利益は容易に全額吹き飛んだ。ただ少なくとも、Ｗｅｓ－ＦＩＣには飛行機や船体、損害賠償や労災補償を主な対象とした大きな再保険の契約から生じた巨額のフロートに、スーパー・キャット事業からできたフロートも加わった。

ＢＨの決算から個別に確認できる年のＷｅｓ－ＦＩＣの純利益を表22－2に載せている。あくまで投資によってもたらされた利益が中心であり、保険引き受け事業で生み出された利益は少ない。悪い年に生じた損失が良い年の利益を相殺してしまうからだ。

表22-2　Wes-FICの純利益（有価証券からの利子と配当に加え、引き受け業務による損益）

年	百万ドル
1996	25.0
1997	27.5
1998	29.5
1999	37.2
2000	38.6
2001	35.9
2002	42.0
2003	40.1
2004	35.7
2005	42.8
2006	55.4
2007	61.3
2008	62.8

利子と配当による利益がこの水準に達するには（フレディマックの株式の売却などによって実現したキャピタルゲインは含まれていない）、数億ドルの規模の債券と優先株、普通株が必要になる。当然、ウェスコは一九九〇年代にはかなり大きな規模に成長していた。

ミニコングロマリット

ウェスコは一九九六年にカンザス・バンカーズ・シュラティ（KBS）を現金およそ八千万ドルで買収し、さらに保険事業を拡大した。その翌年、KBSは保険事業における純営業収益を六百万ドルかさ上げした。八千万ドルの投資に対するリターンとしては物足りないように見えるが、バフェットとマンガーはＫＢＳの保険引き受けの実績は申し分なく、経営者も優秀で、経済力が優れていることから、すぐにもっと利益に貢献するようになると考えていた。

ＫＢＳの事業

ＫＢＳはカンザス州の銀行に対して銀行預金保険を提供する会社として一九〇九年に設立された。つまり、銀行が倒産しても預金者に（連邦政府が保証する額以上の）預金額が手元に戻ることを保証し、預けたお金に対して保険を提供する。創業から長い年月をかけて、主に中西部の州で事業を行う中小の地方銀行を顧客として事業を拡大していった。また、銀行の取締役や管理職の行員が不正行為などによって法的責任が問われた場合に、保険金が出るサービスも提供した。そのほかにも、銀行員を対象とした雇用慣行賠償責任保険や年金・投資信託賠償責任保険、保険代理販売専門職業人賠償責任保険などのサービスも提供し、保険料を徴収した。銀行に対する保険サービスに特化し、認知度を高めてその分野に精通したことで、ＫＢＳは競争優位を持つことができた。

ＫＢＳでバフェットとマンガーが目をつけたキーパーソンは社長のドナルド・トールだった。このニッチな市場を知り尽くし、たった十三人の幹部と従業員とともに地に足のついた経営をしていた。一九九六年のＢＨの株主への手紙の中で、バフェットはトールについて次のように語っている。彼は「非常に素晴らしい経営者です。ドンは数百人のバンカーたちと直接話せる関係を築いており、事業についてのあらゆることを理解しています。彼は経営しているのは自分が保有している会社だと考えており、バークシャーで大切にしている心構えを備えています」。

一九九六年のＢＨの株主への手紙の中で、バフェットはこの企業を買収先として選んだプロセスがいかに偶然であったのか、自分自身を揶揄するような書き方をしている。

「バークシャーの今回の買収に関して、その買収戦略に興味がある人もいるかもしれません。そうした戦略は慎重に計画され、洗練されているとお思いでしょう。一九九六年の初めごろ、私は甥の妻ジェーン・ロジャースの四十歳の誕生日に招待されました。私は社交の場があまり好きではないため、すぐにそのイベントを欠席する理由を考え始めました。いつもどおり親切な対応です。ところが誕生日会を計画した方は機転を利かせて、私がいつも同席を楽しむジェーンの父、ロイ・ディンスダルの隣の席を用意してきたのです。そのため私は行くことにしました。

誕生日会は一月二十六日でした。音楽はうるさかったのですが（なぜあのバンドは音のうるささで報酬がもらえるような演奏の仕方をしなければならなかったのでしょう?）、ロイがカンザス・バンカーズ・シュラティの取締役会議からパーティーに駆けつけたと言っているのがなんとか聞こえました。私がいつも称賛している会社です。もし会社が売りに出されることがあれば、私に教えてほしいと彼に向かって叫びました。

二月十二日、私はロイから次の内容の手紙を受け取りました。「ウォーレン様。カンザス・バンカーズ・シュラティの毎年の財務情報を同封いたしました。ジェーンの誕生日会でお話ししたあの会社です。もし私にほかにできることがありましたら、遠慮なくご相談ください」。二月十三日、私はロイに買収価格として七千五百万ドル払ってもいいと伝えました。そして間もなく、買収が成立しました。今はジェーンの次のパーティーに招待されるよう画策しているところです(110)」。

BHの傘下に加わったことで、もともと強かったKBSの市場での地位はさらに盤石になった。ドナルド・トールはバークシャーの傘下に入ったことで、KBSの保険金支払い能力を疑う人はいなくなったと述べた。また、バフェットは経営に干渉することなく会社を成長させることに非常に長けていると語っている。KBSの経営チームは今でも少数精鋭のままだ。引き続き銀行に対する保険サービスに特化し、カンザス州に本社を構えている。

CORTビジネス・サービシーズ

ウェスコは二〇〇〇年二月、三億八千四百万ドルの現金でＣＯＲＴビジネス・サービシーズを買収し、オフィスやマンション向けに家具を貸し出す事業に参入した。バフェットとマンガーがこれまで手がけてきた多くの企業買収の決め手となった重要な要素を満たしていた。つまり、魅力的でなく、注目されない業界における優良企業であり、それゆえに割高ではなく、非常に優秀な経営者であるポール・アーノルドが経営していたのだ。

ＣＯＲＴは業界では米国トップの企業で、百十七カ所の展示場を持ち、レバレッジドバイアウトに失敗した後の回復局面にあった。一九九九年の売上高は三億五千四百万ドルで、そのうち二億九千五百万ドルは家具レンタル事業、五千九百万ドルは家具販売事業での売り上げだった。その年の税引き前利益は四千六百万ドル。一時的に家具が必要な際に、ほとんどの大企業はＣＯＲＴから家具をレンタルしていた。通常、家具は三回貸し出された後、ＣＯＲＴのクリアランスセンターで売却される流れとなっていた。

最初からポール・アーノルドは「ウェスコ本社からいっさい経営に干渉されない」ことを保証されていた。「過去の仕事の実績に関して誰かを後知恵で批判するとしたらそれは愚かなことです」[11]。マンガーはまた、この事業が「大きく拡大する」という見通しを明らかにしていた。

結果が出るのはずいぶん先

当初の楽観的な見通しに反して、バフェットとマンガーはこの会社に関しては非常に辛抱強くならなければならなかった。実は今でもリターンが上向くのを待ち続けている。二〇〇〇年のドットコム不況と二〇〇一年九月十一日の同時多発テロを受けて、オフィス家具の需要が落ち込んだ。二〇〇〇年三月～十二月まで十カ月間の営業利益は二千九百万ドルだったが、二〇〇一年には年間の利益がその半分以下の千三百十万ドルに落ち込み、二〇〇三年にはついに赤字に転じた。

非常に有能で経験豊かな投資家でさえ、経済事象やその他の出来事を予測するのがいかに難しいか。マンガーは二〇〇一年の手紙の中で、その点について悲しげに省察している。「我々がCORTを買収したとき、家具ビジネスにおけるレンタル部門の短期的な業界全体の将来性を明らかに見誤っていました」。困難な時期だったにもかかわらず、CORTは不況の折に同じ業界の小さな米国企業を何社か買収し、地理的な事業範囲を拡大した。また、企業が社員を転勤させる際に利用できる、部屋探し事業を新たに始めた。

それからおよそ三年後、状況は徐々に上向き始めた。二〇〇六年の税引き後利益は二千六百九十万ドルと、概ね二〇〇〇年の水準まで回復した。ところが二〇〇九年の金融危機後の不況で、CORTは再び赤字に陥った。それ以降、（税引き前の）利益は徐々に増えてきている。

- 二〇一一年：二千九百万ドル
- 二〇一二年：四千二百万ドル
- 二〇一三年：四千二百万ドル
- 二〇一四年：四千九百万ドル
- 二〇一五年：五千五百万ドル

最近では利益が増加傾向にあるものの、三億八千四百万ドルという買収価格で果たして十分な安全性マージンが確保されていたかについては疑問に思わなければならない。おそらく、業績はこれからさらに改善するのだろう。

三十五年を経て完全子会社化

二〇一一年、バークシャー・ハサウェイは手にしていなかった残る十九・九パーセントのウェスコ株をついにほかの株主から買い取った。取得価格は計五億五千万ドルだった。その価格を五倍すれば、当時のウェスコの企業価値は二十七億五千万ドルという計算になる。ブルー・

チップ・スタンプスが八割のウェスコ株を取得する際に支払った三千万～四千万ドルに対するリターンとしてはそれほど悪くはない。

それほど大きな価値がどこから生じたのか？　プレシジョン・スチールからの貢献はほとんどなく、ＣＯＲＴによる貢献でもない。その秘密は貯蓄貸付ビジネスで使われていた資金の新たな使い道にあった。それらの資金は徐々に債券や優先株、普通株への投資に回され、その一部では大きな成功を収めた。フレディマックへの投資では、七千二百万ドルが八億ドル超に大化けした。

それからウェスコは再保険会社と銀行保険会社を成長させた。いずれの会社もバークシャー・ハサウェイの保険引き受けの専門性に便乗していたが、有価証券への投資に活用できるフロートとしてそれぞれ大きな資金を保有していた。そうした投資の多くが大きな成功を収め、そのうち三銘柄を挙げると、

●ソロモンとトラベラーズ・グループ：ウェスコは一九九七年、十年前に八千万ドルで購入したソロモンの優先株と普通株をトラベラーズ・グループの優先株と普通株と交換することで合意した。トラベラーズの株式の価値はソロモンの株式の取得価格をおよそ一億千二百十万ドル上回っており、百四十パーセントのリターンを上げることができた。

- ジレットとプロクター・アンド・ギャンブル：一九八九年に四千万ドルで取得したジレットの転換株式を一九九一年に普通株に転換した。その後、二〇〇五年には二億千六百十万ドルのプロクター・アンド・ギャンブル株と交換し、四百四十パーセントのリターンを上げた。
- ウェルズ・ファーゴ：二〇〇八年の同社への投資は最良のタイミングではなかったものの、グレート・リセッションを経験したにもかかわらず、ウェルズ・ファーゴの株価は二〇〇八年一月の二十六ドルから現在では六十四ドル〔注：二〇一八年二月五日時点〕まで上昇している。

learning Point

学習ポイント

1. **自分に対する評判は非常に重要な資産と捉えよ。**もしベティー・キャスパース・ピーターズがバフェットと会うことを了承する前に彼の評判を知って感銘を受けていなければ、ウェスコの買収は成立しなかっただろう。
2. **プレシジョン・スチールへの投資のように、資本配分では間違いは避けら**

れない。優れた投資家・経営者はこの種のショックから立ち直る回復力を持ち、健全な投資原則に従ってめげずに前に進む。

3．ダウンサイドリスクにも注意しよう。一九八〇年代には貯蓄貸付会社が変動金利で預金を集めて固定金利で住宅ローンを提供していた。また、二〇〇七年には銀行が証券化した金融商品を買っていた。これらのケースのように、もし業界のリーダーたちがはやりに乗じた誤った集団心理のまま、崖っぷちに向かって突き進んでいるとき、投資家はすべてが崩壊しても（崩壊した際に）損失を抑えられるように、投資ポジションを整理する必要がある。

4．信頼は大きな節約につながる。例えば、ウェスコはバークシャー傘下の保険会社が適正な保険料で保険契約を結んでいると信頼していた。そのおかげで、自社の保険販売チームを作って大きな費用をかける負担を免れることができた。

統合——すべての企業をバークシャー・ハサウェイに

ウォーレン・バフェットはこのころ、キャリアにおける非常に重要な転換期に差し掛かっていた。一九七〇年代半ば、バフェットの資産は合わせておよそ一億ドルだったが、それらの資産はバフェット個人の証券口座、バークシャー・ハサウェイ、ダイバーシファイド・リテイリング・カンパニー、ブルー・チップ・スタンプスなど複数の口座・会社にまたがっていた。さらに状況を複雑にしていたのは、それぞれの会社が互いに株式を持ち合っていたということだ。またそれぞれの会社にほかの一般株主がいて、それぞれの利害があった。

投資を始めてから三十年以上を経て、バフェットは初めてそうした複雑な持ち合い関係を分かりやすく整理するよう要求された。本章ではその統合の経緯について見ていくことにする。

複雑な持ち合い関係

一九七〇年代半ば、バフェット個人の保有株式と複数の会社の相互持ち合いの状況は多少変わることはあったものの、大きな統合が実現するまで大まかな全体像はほとんど変わらなかった。その三～四年の間に相互の持ち合い状況は絶え間なく変化したことから、正確な保有割合をここで紹介してもただ読者を混乱させるだけだ。そのため状況を非常に単純化して、各個人・企業の大まかな保有割合だけを以下に示す。

当局が関心を示す

一九七四年、米証券取引委員会（ＳＥＣ）はブルー・チップによるウェスコの買収に注目した。バフェットとマンガーが直接、もしくはダイバーシファイド・リテイリングを通じてブルー・チップの株式を保有していることに関心を持った。バフェットはさらに、バークシャー・ハサウェイを通じてブルー・チップに対して影響力を持っていた（この時点ではマンガーはＢＨの株式を保有しておらず、幹部職にも就いていなかった）。その上、バフェットは個人で持っていた株式、もしくはダイバーシファイドが保有していた株式を通じて、バークシャーのおよそ半分を支配していた。

こうした状況から、利益相反の可能性が浮上する。各社にはそれぞれほかの一般株主もいる。もしバフェットのグループが悪徳集団であれば、その大きな影響力をほかの株主の利益に反する形で悪用する可能性があるというのだ。ＳＥＣが二人に聞かなければならなかった質問の一つは、二人が共謀して買収の標的となった会社の株価を操作していないかどうかということだ。

1970年代半ばの大まかな保有状況

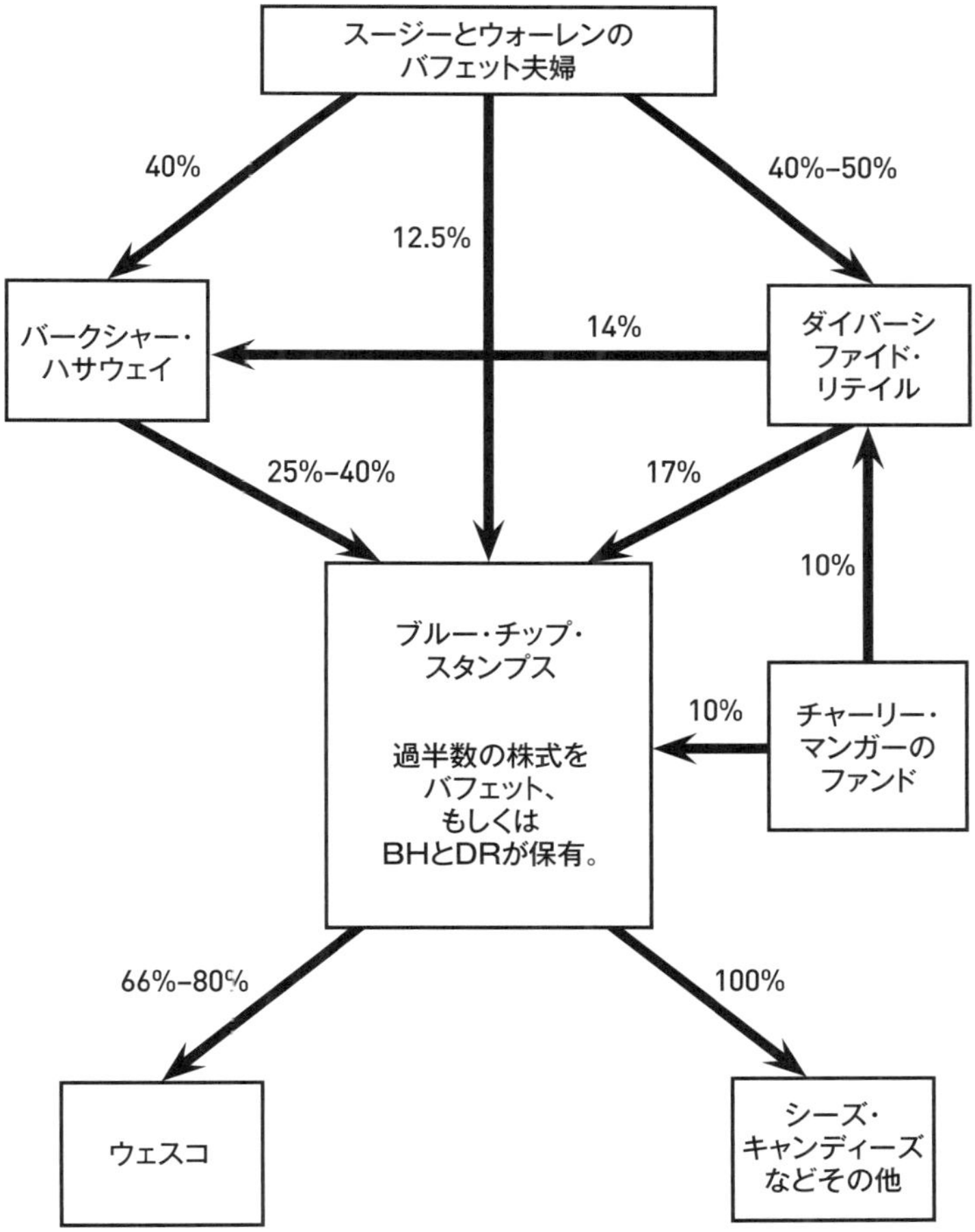

さらに、バフェットとマンガーのファンドとの関係、ブルー・チップの支配、そしてブルー・チップによるウェスコなどの支配についても特に関心を持たれていた。少数株主はどういう立場に立たされていたのか？

自分たちの行為を正当化する

バフェットは自分の株式の保有の形が不必要に複雑であること、そして少数株主の利益が不当に損なわれているかもしれないと外部の人に疑われる可能性があることにすでに気付いていた。そのため、彼はダイバーシファイド・リテイリングをバークシャー・ハサウェイに吸収合併させる計画を発表した。

ＳＥＣは疑いの目を持ち続け、何が起きていたのかを知りたがった。多くの疑問を抱えていたのだ。マンガーとバフェットは一九七四年秋にＳＥＣに対して動機と詳細について説明した。ところが二人の神経を逆なでするように、ＳＥＣは正式な調査に乗り出すことを発表した。「ブルー・チップ・スタンプス、バークシャー・ハサウェイ・インコーポレイテッド、ウォーレン・バフェットに関して（原文のまま）ＨＯ－７８４」。ＳＥＣはバフェットが個人で、もしくはほかの誰かと共謀して詐欺スキームを考案・実行したのかどうか、これまで虚偽の報告をしたことがあるのかどうか、重要な事実の報告を怠ったことがあるのかどうかを調べるつもりだった。ブルー・チップはウェスコの株価を操作したことがあるのか？　ほかにどんなゲームをバフェットとマンガーはこれまで思いついたのか？

バークシャーやシーズなど、すべての関係会社に関する大量の資料がＳＥＣに送り届けられた。一九七五年三月、マンガーとバフェットは二日間の取り調べのために出頭を命じられた。

Q. マンガーはサンタバーバラ・セイビングズ・アンド・ローンの空売りをしたことがあるか？

A. いいえ。

Q. ブルー・チップは買収の意思を表明していないにもかかわらず、自分たちがウェスコを買収する目的でサンタバーバラとの合併を阻止しようと動いたことはあるか？

A. 合併ははっきりと決まっていた計画ではなく、わずかに可能性があるだけでした。

Q. 合併の話し合いが頓挫した後、なぜウェスコの株式を取得するためにブルー・チップは必要以上の金額を払ったのか？　そのことでブルー・チップの株主の利益を損ねたのではないか？

A. 長期的に見れば、ブルー・チップの取締役がウェスコの株主を公正に扱ったほうが、ブルー・チップの株主の利益にもなります。そうすることで、ウェスコのルイス・ヴィンセンティやベティー・キャスパース・ピーターズなどから信用を勝ち取れるからです。買収後の両社の関係性が非常に重要なのです。

バフェットによる大統合

バフェットの複雑な株式保有、そして彼とマンガーがブルー・チップとウェスコでどのように動いたのかに関するＳＥＣの調査は一九七五年末まで長引いた。バフェットの株式保有の複雑さは何か悪いことをしているのではないかという疑いを深める方向に作用しており、明らかに状況を悪化させている原因だった。バフェットはついにグループ関係を単純化しようと腹を決めた。

調査開始から二年後、ＳＥＣによる判断が下された。ブルー・チップは合併を阻止しようと画策し、ウェスコの株価を人為的に引き上げたという判断だった。こうした判断が下されたにもかかわらず、バフェットに対する罰則はなかった。二度とこのようなことをしないという約束だけだ。自分たちの過ちを認めも否定もしなかったものの、ブルー・チップは被害を被ったと見なされたウェスコの株主の一部に十一万五千ドルを支払った。結局、軽い罰金で済んだのだ。

合併

一九七八年、小売事業と（火災、損害、労災）保険事業を手がけていたダイバーシファイド・リテイリングがついにバークシャーに吸収された。マンガーはダイバーシファイドの持ち分の見返りに二パーセントのバークシャー株を受け取り、バークシャーの副会長に就任した（そのころにはすでに自身の投資ファンドを解散していた）。

ダイバーシファイドの株主の一人だったサンディー・ゴッツマンはマンガーよりやや少ない割合のバークシャー株を受け取った。

バークシャーは過半数の株式（およそ五十八パーセント）を保有してブルー・チップを子会社化することになった。バフェットはブルー・チップの株式十三パーセントは継続保有したものの、それ以外はほぼすべての株式をバークシャーを通して保有する形となった。彼が四十三パーセント、妻のスージーが三パーセントのバークシャー株を保有した。一九八三年、バークシャーがブルー・チップの残りの株式を全て取得し、持ち合い関係の整理は完了した。

キャリアを振り返る

ダイバーシファイドをバークシャーに吸収合併させたとき、バフェットは四十八歳になっていた。大きな満足感を胸に抱きながら、自分が作り上げたその会社を見ることができた。株価はすぐに二百ドルを上回り、バフェット夫妻は一億ドル以上の資産を手にすることになった。

バフェットは十一歳のとき、姉のドリスと一緒にシティ・サービスの優先株を六株買った。投資額はわずか二百二十九・五ドルだ。そのバフェット少年が、シーズ・キャンディーズのようなさん然たる資産から利益を得る企業帝国を経営する人物に成長したのだ。それらの資産は、数百万ドルの投資資金をバフェットにもたらした。

バフェットはまた、数億ドルの保険フロートを何年にもわたって自由に投資に活用できる。おまけに、ほとんどの年で保険引き受け事業から利益を得ている。さらに素晴らしいことに、ワシントン・ポストのケイ・グラハム、イリノイ・ナショナル・バンクのジーン・アベッグなど、友人でもある素晴らしい経営者が経営する素晴らしい会社の株式を保有している。彼が毎日タップダンスをしながらオフィスに向かうのも当然と言える。

バフェットはもはや貧困を恐れる立場にはない。すでに莫大な余裕資金を持っている。それではなぜ彼は働き続けるのだろうか？　並外れた勤勉さで働き続けている多くの億万長者と同様に、彼はゲームで味わえるスリルを、未完のカンバスに絵を描くことをただ愛しているのだ。彼はクリエイティブな人物であり、自分の頭を使ってより大きなもの、より良いもの、より優れたものを作り続けたいのだ。バークシャー・ハサウェイという強固な土台があれば、彼なら本当に壮大な組織を築き上げることができるだろう。四十年という歳月をかけて、バフェットはかつて傾きかけていた織物工場の運営会社を、時価総額が五千億ドルを超える世界で上位十社に入る規模の上場会社に成長させた。今ではコカ・コーラ、ウェルズ・ファーゴ、バーリントン・ノーザン・サンタフェ、アメリカン・エキスプレスなどの会社に影響力を持つ株主になった。

それだけにとどまらず、バフェットは今でもその帝国を拡大させ続けている。あと数年生きれば、彼はきっと世界で最も大きな、政府の傘下にはない企業の経営者になるだろう。客観性が売りの地元紙の一面に載ると困るような行為は慎まなければならない（妻や親戚、友人が翌朝目にするからだ）という格言に従って生きる、オマハ出身の謙虚な男にしては悪くない名誉ではないだろうか。

おわりに

本書が生まれたきっかけは、およそ四年前にさかのぼる。私はそのころ、株式投資に専念するために、ほかのいっさいの仕事を辞めるという大きな決断を下した。つまり、テニュア（終身在職資格）の教授の地位を捨て、シティ・オブ・ロンドンでの実入りの良い講師の仕事を辞め、振り返ると皮肉だが、本の執筆の時間も大幅に削ったのだ。

新たに始めた専業投資家の活動の一環として、銘柄を選択する際の論理的なプロセスを記録として残すために、私は自分の分析を説明する短いブログの執筆を簡単な無料のブログサイトで始めた。なぜそのように投資したのかという資産配分と銘柄選択の理由を公開の場で、分かりやすく説明しなければならないことが刺激的だと感じたからだが、私は記憶力が悪いため、自分が投資判断を下した理由を数カ月後に思い出す手段が必要だったという側面もあった。

その後、投資サイトのアドバンスド・ファイナンシャル・ネットワーク（ＡＤＶＦＮ）から彼らの会員向けのニュースレターのページに文章を書いてみないかと誘いを受け、私はその依頼を引き受けた。そこで書いた文章の一部がウォーレン・バフェットの投資案件に関する連載記事となり、それらの記事を下敷きにして本書が誕生した。

「なぜ？」という疑問

バフェットについて書かれた本はすでに数多く出版されており、目新しい内容などないとあなたは思うかもしれない。それらの本の多くに目を通したが、私は満たされない気分だった。彼に関する本の著者の多くは彼がどの企業に投資をし、その投資からいくら稼いだのかを説明している。ただ私が知りたかったのは、「なぜ」投資したのかという部分だ。バフェットが選んだ企業には、ほかの企業とは際立って異なるどんな特徴があったのか？　貸借対照表の数字か？　過去の利益の推移か？　戦略的な市場での地位か？　経営陣の能力か？　私は詳細が知りたかったのだ。ほぼ一文無しから富豪になるまで、どのようにバフェットは資産を一歩一歩増やしていったのだろうか？

彼の重要な投資案件すべてについて私は「なぜ」の部分にこだわり、できるだけ掘り下げようと努めた。多くの資料を渉猟し、それぞれの投資について一から調べる必要があった。バフェットが選んだ企業に関する分析資料に優先的に時間を割き、彼の私生活を調べることにはあまり時間をかけなかった。その点については、ほかの本でも十分にカバーしているからだ。そのため本書を読んでも、彼の私生活についてはそれほど知ることはできないだろう。

バフェットとの交流

バフェットの思想の深さに啓発されたのはずいぶん前のことだ。当然、私はバークシャー・ハサウェイの株主となり、オマハで開催される同社の株主総会には定期的に足を運んだ。オマハと言えば、お気に入りの逸話がある。なんとバフェットが四百億ドルを寄付することにしたのは間違いなく私の、この私一人の影響なのだ。バフェットは確固たる信念を持っており、ただの訪問客にすぎない英国人に心を動かされることなどないと思うかもしれない。だが私はそうではないことを知っている。私の方が正しいのだ！

それは二〇〇六年の出来事だった。ビル・ゲイツ（大物の登場だ！）がバフェットと一緒にいた。ゲイツはバフェットの親友で、バークシャー・ハサウェイの取締役も務めていた。私はその場で、彼と妻のメリンダが財団を通して行っている慈善活動についてゲイツに感謝の言葉を述べた。私の表現はかなり大げさだった。少しやりすぎだったかもしれない。

それからゲイツの横に立って話を聞いていたバフェットに向かってこう言った。「あなたのバークシャー・ハサウェイの株主に対する仕事ぶりに感謝します」。何がそうさせたのかはよく分からないが、私のバフェットの偉業に対する感謝の言葉には、ゲイツの偉業に対して見せたほどの興奮が感じられなかった。

信じられないだろうが、数週間後、世界中の慈善活動に使ってもらいたいとして、バフェットはビル&メリンダ・ゲイツ財団に自分の財産のほとんどを寄付すると発表したのだ。この英国人はなぜ私のつくったバークシャー・ハサウェイよりも友人のつくったゲイツ財団に感銘を受けたのか？　バフェットは間違いなく熟慮したはずだ。その上でなんとかしようと、彼は行動に移したのだ。

もちろんこれは私の一方的な見方にすぎないのだが、私は死ぬまでこの話の通りだと信じるつもりだ！

バフェットがいかにして最初の一億ドルを築いたのか。読者が本書を楽しんでくれることを心から願う。

グレン・アーノルド
二〇一七年夏

巻末付録

本書で解説した取引のサマリー

次ページの表は本書で紹介した投資銘柄をまとめたものだ。表の数字のほとんどは各章の冒頭に載せてある数字をそのまま使っている。

表に関する注意

- 表に記載した数字は入手できるものの中で最も正確な数字だ。複数の情報源の内容を基に推測する必要のあった数字も含まれている。
- 売却日がN／Aとなっている銘柄のほとんどは、バフェットがこれまで一度も売却しておらず、バークシャー・ハサウェイが今でも保有している銘柄だ。
- 価格（ドル）の行における金額の値は売買された当時の金額だ。

取引	日付		価格（ドル）		利益（ドル）
	取得	売却	取得	売却	
シティ・サービス	1941	1941	114.75	120	5.25
ガイコ	1951	1952	10,282	15,259	4,977
ロックウッド・アンド・カンパニー	1954	1955	さまざま	さまざま	1万3000
デンプスター・ミル	1956	1963	99万9600	330万	230万
サンボーン・マップス	1958	1960	約100万	複数の会社の株式と交換	約50%
バークシャー・ハサウェイ	1962	N/A	14.86/1株	現在の価値は30万	数千億
アメリカン・エキスプレス	1964	1968	1300万	3300万	2000万
ディズニー	1966	1967	400万	620万	220万
ホクスチャイルド・コーン	1966	1969	480万	400万	–80万
ナショナル・インデムニティ・インシュアランス	1967	N/A	860万	N/A	数十億
アソシエイテッド・コットン・ショップス	1967	N/A	600万	1970年代にBHに吸収合併	不明
ブルー・チップ・スタンプス	1968	N/A	3～400万	現在はBHの一部	数億
イリノイ・ナショナル・バンク・アンド・トラスト	1969	1980	1550万	1750万	3200万以上（配当含む）
オマハ・サン・ニュースペーパーズ	1969	1980	125万	不明	不明だが損を出している
シーズ・キャンディーズ	1972	N/A	2500万	現在はBHの一部	20億以上
ワシントン・ポスト	1974	N/A	1060万	複数の会社の株式と交換	数億
ウェスコ・ファイナンシャル	1974	N/A	3～4000万	現在はBHの一部	20億以上

102. Warren Buffett, letter to shareholders of BH (1985).
103. Newsweek, 1972 annual report.
104. Warren Buffett, letter to shareholders of BH (1987).
105. Warren Buffett, letter to shareholders of BH (1986).
106. Jerry Goodman ('Adam Smith'), *Supermoney* (1972).
107. 様式は長期間にわたって様々な価格で取得。
108. Charles Munger and Donald Koeppel, Blue Chip Stamps letter to shareholders (1977).
109. Charles Munger, letter to Wesco shareholders (2000).
110. Warren Buffett, letter to shareholders of BH (1996).
111. Charles Munger, letter to Wesco shareholders (1999).

65. 同上
66. Quoted by Warren Buffett, BPL letter to partners (January 1969).
67. 同上
68. 同上
69. 同上
70. Warren Buffett, BPL letter to partners (May 1969).
71. 同上
72. 同上.
73. 同上.
74. 同上
75. 同上.
76. 同上
77. 同上
78. 同上
79. この演説の内容は Benjamin Graham, *The Intelligent Investor* (Harper Business Essentials, 1973) の巻末付録に収録されている。
80. Warren Buffett, BPL letter to partners (October 1969).
81. 同上
82. 同上
83. 同上
84. 同上
85. 同上
86. Warren Buffett, BPL letter to partners (December 1969).
87. Warren Buffett, letter to shareholders of BH (2006).
88. Daniel Roberts, 'The Secrets of See's Candies', *Fortune* (3 September 2012).
89. Quoted in Carol Loomis, 'The Inside Story of Warren Buffett', *Fortune* (11 April 1988).
90. Warren Buffett, 'Warren Buffett Talks Business', Talk given to students at the University of North Carolina, Center for Public Television, Chapel Hill (1995).
91. Warren Buffett, letter to shareholders of BH (2014)
92. Warren Buffett, letter to shareholders of BH (1999).
93. Warren Buffett, letter to shareholders of BH (2014).
94. Warren Buffett, letter to shareholders of BH (2011).
95. Warren Buffett, letter to shareholders of BH (1999).
96. Warren Buffett, letter to shareholders of BH (2014).
97. Warren Buffett, letter to shareholders of BH (1973).
98. Warren Buffett, letter to shareholders of BH (1973).
99. 同上
100. Anthony Simpson, 'Look At All Those Beautiful, Scantily Clad Girls Out There!', *Forbes* (1 November 1974).
101. 同上

26. 同上
27. Warren Buffett, letter to shareholders of BH (2014).
28. Warren Buffett, BPL letter to partners (1968).
29. Quoted in Alice Schroeder, *The Snowball: Warren Buffett and the Business of Life* (Bloomsbury, 2009). pp. 252–3.『スノーボール』アリス・シュローダー（日本経済新聞出版社, 2009）
30. Warren Buffett, letter to shareholders of BH (1989).
31. Warren Buffett, BPL letter to partners (January 1969).
32. Warren Buffett, BPL letter to partners (December 1969)
33. Warren Buffett, BPL letter to partners (January 1966).
34. Warren Buffett, BPL letter to partners (July 1966).
35. Warren Buffett, BPL letter to partners (January 1967).
36. 同上
37. 同上
38. 同上
39. 同上
40. 同上
41. 同上
42. 同上
43. Warren Buffett, BPL letter to partners (October 1967).
44. Warren Buffett, BPL letter to partners (October 1967).
45. 同上
46. 同上
47. 同上
48. Warren Buffett, BPL letter to partners (January 1968).
49. 同上
50. 同上
51. Ken Chace, letter to shareholders of BH (1967).
52. Warren Buffett, letter to shareholders of BH (2001).
53. Warren Buffett, letter to shareholders of BH (1978).
54. Warren Buffett, letter to shareholders of BH (1975).
55. Warren Buffett, letter to shareholders of BH (1979).
56. Warren Buffett, letter to shareholders of BH (1982).
57. Warren Buffett, BPL letter to partners (July 1968).
58. 同上
59. 同上
60. *Buffalo News*, 21 December 2012.
61. Ken Chace, President's letter to shareholders of BH (April 1970).
62. 同上
63. 同上
64. Warren Buffett, BPL letter to partners (December 1969).

原注

1. Benjamin Graham and David Dodd, *Security Analysis* (Whittlesey House, McGraw-Hill, 1934).『証券分析』ベンジャミン・グレアム、デヴィット・ドッド（パンローリング，2002）
2. 同上 , Chapter 2.
3. Warren Buffett, speech at New York Society of Security Analysts (6 December 1994).
4. Warren Buffett, BPL letter to partners (1959).
5. Warren Buffett, BPL letter to partners (1958).
6. Warren Buffett, BPL letter to partners (1961).
7. Warren Buffett, BPL letter to partners (1963).
8. Andrew Kilpatrick, *Of Permanent Value: The Story of Warren Buffett* (Southern Publishers Group, 1996), p. 139.
9. 同上 , p.139.
10. Warren Buffett, BPL letter to partners (1964).
11. Warren Buffett, BPL letter to partners (1963).
12. 私は自著『The Financial Times to Value Investing』と『The Great Investors』の中で、フィッシャーに関する説明に一章を割いている。また、フィッシャーの著書『Common Stocks and Uncommon Profits』も一読することをお勧めする。『フィッシャーの「超」成長株投資』（フォレスト出版，2000）
13. PERに関するさらに詳しい説明は本書の範ちゅうを超える。もっと詳しく知りたい方にはインターネット上に役に立つ情報がたくさん載っている。検索エンジンにただ「株価収益率、PER」と入力してもいい。
14. Warren Buffett, letter to shareholders of BH (1995).
15. Warren Buffett, lecture at the University of Notre Dame, www.tilsonfunds.com／BuffettNotreDame.pdf (1991).
16. Warren Buffett, letter to shareholders of BH (1995).
17. Warren Buffett, letter to shareholders of BH (1989).
18. Warren Buffett, letter to shareholders of BH (2014).
19. 同上
20. Warren Buffett, letter to shareholders of BH (1966).
21. Warren Buffett, letter to shareholders of BH (2014).
22. Roger Lowenstein, *Buffett: The Making of an American Capitalist* (Broadway Books, New York, 1995).
23. Jack Ringwalt's memoir, *Tales of National Indemnity and Its Founder Jack D. Ringwalt.*
24. 同上
25. 同上

[著者]

グレン・アーノルド（Glen Arnold）

イギリスの投資家、実業家、著述家。サルフォード大学経済学部元教授（投資・金融学）。50代の半ばで退職した後は、個人資産管理会社のアーノルド・インベスト・ファンドを営む。2004年にフィナンシャルタイムズから“Financial Times Guide to Investing”を刊行、イギリスの投資関連書でトップの売上部数を記録。以降も、投資・金融・著名な投資家に関する書籍の出版多数。日本での翻訳に、『億万長者の黄金律 名トレーダーから学ぶ投資の教訓』（朝日新聞出版）がある。

[訳者]

岩本正明（いわもと・まさあき）

1979年生まれ。大阪大学経済学部卒業後、時事通信社に入社。経済部を経て、ニューヨーク州立大学大学院で経済学修士取得。通信社ブルームバーグに転じたのち、独立。訳書に『金融危機はまた起こる　歴史に学ぶ資本主義』ジョン・プレンダー著、『移民の政治経済学』ジョージ・ボージャス著（ともに白水社）がある。

ウォーレン・バフェットはこうして最初の1億ドルを稼いだ

――若き日のバフェットに学ぶ最強の投資哲学

2018年３月14日　第１刷発行
2025年６月６日　第７刷発行

著　者――グレン・アーノルド
訳　者――岩本正明
発行所――ダイヤモンド社
〒150-8409　東京都渋谷区神宮前6-12-17
https://www.diamond.co.jp/
電話／03･5778･7233（編集）　03･5778･7240（販売）

装丁――――デザインワークショップジン
本文デザイン―布施育哉
製作進行――ダイヤモンド・グラフィック社
印刷――――堀内印刷所（本文）・加藤文明社（カバー）
製本――――加藤製本
編集担当――真田友美

ISBN 978-4-478-10411-8